ホリスティック教育ライブラリー⑦

学校に森をつくろう！

子どもと地域と地球をつなぐ ホリスティック教育

日本ホリスティック教育協会
今井重孝・佐川通 編

せせらぎ出版

学校の森のつくり方

NPO法人学校の森HP　http://gak-mori.jpより

「学校の森」づくりは緑化のための森づくりと違って、専門家任せで森や庭をつくればよいというものではありません。学校教育の一つとしての「森づくり」ですから、児童・生徒をはじめ、教師・PTAの人たち・地域の人たちなど、学校関係者と学校を取り巻く人々が年齢・男女を問わず一人でも多く参加してもらうようにしましょう。

木々を植え、その成長を見守っていくことで「人と人」「人と自然（樹木）」の「いのち」の「つながり」感覚が深まり、強まり、広がっていくことを体験してもらいたいからです。

1　まず木を植える基礎「マウンド」をつくります

木を植えるスペースに水はけのよい土で「マウンド」をつくります。中央を約１m盛り上げ、両端に向かって傾斜させカマボコ形にします。表土は重要な部分です。バーク堆肥や落ち葉、有機質肥料などを混ぜ合わせて、できる限り自然の森の表土に近い土をつくります。自然に近い森をつくるための一つの要素となります。

2　マウンドができたら植える木の種類を決めます

自然の森に近い「ほんものの森」をつくるには、植える木の種類の選択が重要になります。NPO法人学校の森では、横浜国立大学宮脇昭名誉教授が提唱する「人間の手が入らないその地域本来の環境に生育する植物＝潜在自然植生」に基づいた木の種類選びを行っています。学校を中心とした半径10km範囲の植物群集を調査し、潜在自然植生を確認し、それにそった木の種類を選びます。選定する木は高くなる木だけでなく、周囲に植える樹高の低い木も含め植樹するすべての木を選びます。
次は設計です。選んだ木を何処に何本植えるか、その配置と構成を決め設計図を作ります。これから何十年「自然の森」として生き続ける森づくりの重要な作業です。（潜在自然植生の調査は専門家に依頼する方がよいでしょう。設計は学校の森をつくったことのある経験者に相談することをおすすめします。）

3 いよいよ木を植えます

「学校の森」づくりの最大のイベントです。森づくりに関係した全ての人たちが総出で取り掛かるお祭りです。植樹の中心となる人たちは専門家からトレーニングを受けておきましょう。
いよいよ植え込みです！　穴を掘り、苗を次々に植えていく作業を通じて、「木と参加者」「参加者同士」の「深いつながり」が生まれてきます。植え込みは設計図に基づいて行いますが、植えつける木と木の間隔は成長したときの木の高さで違います。高木類は1㎡に１～２本、低木類はもっと密に植えます。木の植え方の理想はできるだけ幼い苗木を密植させて植えることです。いろいろな種類の木を混ぜ、密植すると競争的共存が生じます。樹木自身が本来持っている自然の秩序をつくる力を発揮させて、植物が生きるのに最適の条件を自らつくらせます。
木の植えつけが終わったら、児童・生徒全員に自分の木を決めさせて卒業まで見守り育ててもらいます。担当の木を持つことで児童・生徒の「森」に対する愛情は大変強いものとなり、卒業後も学校と「つながり」を持つ大きな要素となります。「学校の森」ができた後から入学してきた児童・生徒にも卒業生から受け継いで担当木を持ってもらい見守り育ててもらいます。

4 植えた木の管理も大切です

植樹した後は土の表面が乾くのを抑え、寒い時期には地温を保ち、併せて表土の流失や雑草のはびこるのを防ぐため、ワラを敷きます。ワラは腐れば肥料にもなります。木々がある程度成長するまでは毎年行うとよいでしょう。積雪のある地域では、若木は支柱での保護が必要です。
「森」の管理・運営は学校だけでは困難な場合があります。校外で管理・運営の責任者になってくれる人を依頼。その人を中心に「森の後援会」のような組織をつくり、その組織が管理・運営にあたるとよいでしょう。

こうした行程でつくられた「学校の森」は「人と人」「人と自然」そして「学校と地域」のつながり、ひいては「人と地球」のつながりを森づくりに参加した全ての人に実感させてくれる貴重な自然となります。

▲植樹直後の川崎の森

10年目を迎えた川崎の森▶

山之内義一郎氏▼
（中段真ん中）

川崎の森ポスター展より（右下）▼

はじめに

日本発のホリスティックな教育

——森はすべてをつなげてくれる

編者の一人今井が「学校の森」に出会ったのは、「学校の森」への熱い思いを抱いていたジャーナリストの平野勝巳さん（故人）の紹介で手塚郁恵さんの存在を知り、手塚さんの著書『森と牧場のある学校——山之内義一郎先生の実践』（春秋社）と出会ったときでした。校地の一角に、みんなで木を植えることにより、木と子どもたちの生き生きとした対話が生まれ、次々と新しい教育実践が育まれていく姿は圧巻でした。日本に、こんなに優れた実践を生み出した素晴らしい校長先生がいるのだと知って、胸が熱くなりました。それから10年が経過し、学校の森の実践も森への共感を媒体として発展していきました。ここにこうして、ホリスティック教育ライブラリーの一環として「学校の森」の特集が組まれるに至ったこと自体が、「学校の森」の「つなぐ」力の現れにほかなりません。その「学校の森」の秘密については、本文でじっくりと味わっていただきたいと思います。

さて、日本の教育史を見てみますと、中国（唐）に倣った教育制度の移入から始まって、イエズス会士のセミナリオ、明治維新の欧米諸国の教育制度の移入、さらには戦後のアメリカの6―3―3制の導入に見られるように、日本の教育は外国からの移入に依存する傾きが強くありました。そして、今なお外国の教育を良しとして、その後追いをする傾向があります。こうした中にあって、日本の経済力の発展に伴い近年、独創的な科学技術の開発の必要性が叫ばれています。そして、独創性の開発に関して、教育に強い期待がなされています。しかしながら、教育制度自体において独創性を発揮できないでは、生徒の独創性は開発できないでしょうし、教師が独創性を発揮できないでは、生徒の独創性は育たないでしょう。

こうした時代にぴったりの今まさに必要とされている教育実践が、「学校の森」という実践なのです。「学校の森」実践には、想像を超えた教育力があります。日本の国土の65％以上を占める「森」に着目し、「森」の持つ豊饒さを教育の場にもたらすことで、優れた実践を展開し、外国にまで影響を与えるに至った日本発の独創的な実践「学校の森」、この実践の素晴らしさ・特徴がどこにあるかを、余すところなく提示し、日本の教育発展に資することが、本書の願いです。

「コロンブスの卵」のような発想の転換、具体的には、学校の近くに森がないのなら、森のほうを学校に持ってこようという発想の転換によって、山之内義一郎さんの「学校の森」実践は、始まりました。1987年4月新潟県長岡市立川崎小学校でのことでした。

その後、この実践は、この本の編者の一人である佐川通により十日町市立南中学校に引き継がれ、新潟県内で拡大を見せたのみならず、韓国にも飛び火し、三重のまきば幼稚園や静岡の浜松城北工業高等学校へと拡大し、新潟県三条市では川瀬神経内科クリニックにおいて病院の森にも発展しました。

韓国では、今や、2007年2月現在600校以上の学校に広がる勢いです。新潟では、「学校の森」実践が評価され、２００４年に米百俵賞が授与され、さらに、２００５年には吉川英治文化賞が授与され、全国的な規模で、その実践の素晴らしさが認知されました。

吉川英治文化賞の受賞式典の席上で、三浦朱門氏が、森の豊かな日本の伝統を活かしたところが評価された、との趣旨の説明をされたところに暗示されているように、日本は今まで、日本の伝統を捨て去るのに急で、日本の地域、気候、風土にふさわしい教育のあり方をじっくりと醸成させていくという内発的教育発展の視点が欠けていました。しかし、山之内義一郎さんという優れた教育実践者の手によって、外国にまで影響を与えうる日本発の教育実践が展開されたのです。

「学校の森」の実践に共感する人々により、この実践がさらに各地で展開されることを願い、また「学校の森」自体が、さらに成長発展し、日本の一人でも多くの子どもたちが、オアシスとしての教育を体験でき、未来の日本の力強い担い手となることを、心より願って本書の編集がなされました。

本書を編集するにあたって、とりわけ考慮したことは、以下の点です。

理論と実践の関係は、「理論―実践」問題として、教育学においても今なお未解決の課題です。とかく人間は一般的な理論を、実践に適用したがるものです。しかし、人間を相手にした教育という営みは、単純な因果関係では割り切れない複雑な営みです。生徒一人ひとりが個性を持ち、教師一人ひとりが個性を持っている世界です。一つのことを話しても、受け取り方は、子どもの数だけある世界です。この事態を、著名な社会学者のニクラス・ルーマンは、「技術欠如」と名づけました。「技術欠如」というのは、どの子どもにも適用可能な一般的な技術は、子どもが自分で判断し行動する自己準拠的なオートポイエティックな存在である以上、不可能である、ということを意味しています。

つまり、教育という営みは、日々具体的な目の前の子どもたちとの相互作用の中から日々新たに工夫し続けるしかないということなのです。「理論―実践」問題に翻訳すれば、教育においては、日々具体的な状況の中で実践を積み重ねる中から、理論を立ち上げるほかはないということです。つまりは、実践から理論を立ち上げることが肝要だということです。

しかしながらこれは、「言うは易く、行うは難い」問題です。すでに存在する抽象的一般的概念から出発するのではなくて、実践の中から、「生きた具体的な概念」を立ち上げなくてはならないからです。この努力を、教師になって以後、継続して積み重ねてきたのが山之内義一郎さんなのです。だから彼は、日本発のユニークな実践を生み出すことができたのです。

そこで、本書では、具体的な実践から生きた概念が立ち上がる様がわかるような形で、全体を構成しました。

第1部の「学校の森とは」では、「学校の森」実践の生みの親である山之内義一郎さんによる、実践の理論化の試みが提示されています。そしてそれを受けてホリスティック教育協会代表の吉田敦彦さんと編者の一人今井重孝が、実践から立ち上がった理論を教育思想の文脈で位置づける作業をしています。

次に、第2部の「それぞれの学校の森」では、幼稚園、小学校、中学校、高等学校という学校段階に応じて具体的な「学校の森」実践が紹介され、そこで読者は、学校段階別の具体的実践において山之内理論の再確認をすることができるようになっています。具体的には、嘉成頼子さんのまきば幼稚園、山之内義一郎さんの「川崎の森」、編者佐川通の「南の森」そして、浜松城北工業高校の「城北の森」が取り上げられています。

第3部では、「これからの学校の森」と題して、今後の展開についての方向性を示唆しています。第1章で、2004年6月に長岡市で開催された「学校の森国際フォーラム」の概要を提示し、この段階での到達点を示しました。第2章で、その後の「学校の森」の展開について触れ、第3章で、地域、地球とのつながりの観点から大きな視野で「学校の森」の将来を展望しました。

本論で取り上げ切れなかった重要な内容については、コラムという形で、ところどころに、配置し、本書の、豊饒さに寄与しようとしました。

最後に、学校のリストや、主要な記事、書物のリストを示し、「学校の森」の現在における集大成となるように努めました。

本書が、いじめなどさまざまな教育問題に悩まされている日本の子どもたちの環境を少しでもよくする一助となることを心より願っています。

編者　今井　重孝

学校に森をつくろう！　子どもと地域と地球をつなぐホリスティック教育　もくじ

第2部　それぞれの学校の森

第3部　これからの学校の森

第1部 学校の森とは

第1章　「つながり感」を育てる「学校の森」

山之内　義一郎

「学校の森」という思想は、これまでの学校教育とは無縁だったこともあり、実践に取り組む前提として「なぜ学校に森なのか」「どうして森に気づいたのか」といった「森」そのものの意味や森と人との関係について述べなければならないが、それは第3章で後述する。ここでは、学校経営の苦悩から生まれた「学校の森」という、自然の「いのち」の「つながり感」を育てる学校経営の概要について述べることにする。

1　「いのちのつながり」を生かすホリスティックな学校経営

(1)　水沢謙一校長の学校経営「勘《かん》」

私のホリスティックな学校経営の気づきは、教師体験10年を経た頃のこと、新潟県長岡市立新町《あらまち》小学校の水沢謙一校長の学校経営理念に接した6年間の体験で感得したものである。校長はよく口癖のように「一点を押せばみんなふっ立つ！（すべてつながっていて立ち上がる）」ような実践を心がけるよう職員に伝えていた。教師の実践というのは、あれもこれもただこなしていくのではなく、その中にとても重要な意味のある実践がある。その実践は日常的なあらゆる実践と深くつながっていて、それは常に心がけておくべき大切なものである。その実践こそ忘れてはならない一点だというのである。では一体それは何なのか、それを探ることが大切だということを職員に気づかせようと、「一点を押せば、みんなふっ立つものだ」という諺ともとれる比喩的な表現で言い続けていたように思われる。

その一点こそ教育実践の全体を教育の目標に結びつけていく中核的な実践であることを、体験的に学んだように思う。この体験はその後、私が学校経営を進める際の重要な経営「勘」となった。すべての実践はバラバラではなく一つにつながっていて、全体のバランスがとれているという、私のホリスティックな教育実践を進める一つの手がかりとなっている。

その学校経営の1例を紹介する。学校規模は通常学級が30学級と特殊学級2学級の大規模校である。校長は特殊学級の経営に当たって、障害の重い子を持つ親の悩みに心を寄せ、広く市内に散在しているその子らを積極的に自校に受け入れていた。当時は養護学校の義務化前のために重度の障害児が教育される場がなかった。校長は、障害児にとってよい教育は、障害のない通常の学級の子どもにとってもよい教育であるはずだ、という経営観を主唱していた。そして、「障害を持つ子どもが学校に〈ひとり〉いるだけで、全校の子どもや教師、親たちに正しい人間観を育てることができる」という信念で、教師や父母、住民に対して積極的に働きかけ「いたわりと励まし」の優しい心が広く浸透するように、相互の交流による教育の実践を進め、その重要性を理解させることに努められた（新町小1968）。

また、教科指導に当たっても、教師たちに対して自ら体験された大正自由主義教育の潮流の中で生まれた「算数の作問《さくもん》（問題作り）」の指導に注目させたのである。算数の作問の指導理念である「自分で問題を発見し、自分で解いていく」という思想を生かした実践は、子どもに対してだけでなく教師に対しても、ただ与えられた課題を解くだけでなく、自分で問題をみつけ自分で解いていくことを強く推奨した。子どもたちにとって「自分で問題をつくり、式をたて、計算して答を出す」作問は、彼らにとっては「問題づくり」の自由さとそれを探る楽しさ、わかる喜びを実感することができて、とても算数好きな子どもが増えるようになった（新町小1967）。

私もこれを契機に、この指導理念と方法をさらに発展させ、作問の持つ問題解決的学習と共有する教科群（算・国・理・社）の「つながり感」を生かして指導法の改善を進めることに成功した。その実践は、後述のカリキュラム構成原理の考え方に生かされている。

(2)　「棚田のある山村」の教育の全体直観

私がはじめて校長に採用されたのは1974年、山間にある新潟県山古志村の小さな6学級の小学校である。新任校長になって一番の悩みは、この学校のある「山古志村の地域社会の実態に即した学校経営の方向性は何か」がまったく捉えられないことであった。校長として教科の指導はできても、村の実態を生かした学校を経営する方向性が見えなかった。学校経営の不毛という現実である。どんなに調査したり、書物を調べたり、それらを基に考えたりしてみても、経営方針に確信が持てない苦悩の日々が続いていたのである。

ところが、これまで体験したこともない、目に見えない自然の「いのち」の「つながり感」の働きによって、私の学校観の根本的転換を体験することになった。学校経営の方向性は何か、という強い問題意識の続く日々を過ごしていたある日のことである。校務出張の帰り道、峠へ向かう道端で休みながらぼんやりと山間の村の風景を眺めていたときである。何と目の前に見える棚田の風景から村の学校教育の方向性と方法を全体直観したのである。信じられない話かもしれないが、これまで数えきれないほど村の棚田の風景を見ていたが、このときは違った。山の自然やそれを生かしてきた産業や文化や祈り、それらの歴史的現実と学校教育は「一つにつながっている」という全体直観で、まるで一つの絵巻物を見るように展開されたのである。

それは山肌にへばりつくような猫の額ほどの田、「耕して天に至る」棚田の風景から、この村に生まれ育った人たちが運命的な厳しい自然環境を受け入れ、それを生かす歴史として映った。そこには村人の粘り強い忍耐力、勤勉さ、誠実さ、創造性、優しさ、気力、体力など人々の人間的成長の過程が全体直観されたのである。山の自然と子どもの「いのち」が、学校教育の方向性や方法と一つに「つながる」ことを実感した。つまり、学校教育の中核には、村の自然と子どもの「いのちのつながり感」を生かした、山村そのものが教材の総合活動を進め、子どもをはじめ親・祖父母・住民など村をあげて取り組み、みんなで学ぶ喜びを共有することができた。これが山古志村の教育の中核だったのである。

つぎにその総合活動の例をあげよう。

1年生：春の野山で草花や虫などの発見と遊び、秋の野山で落ち葉集めと遊び
2年生：昔話を聞く、それを話す体験、昔話を草木染めの絵本づくりや劇化に
3年生：蚕の飼育と絹糸作り、織物遊び、昔の正月行事の体験
4年生：そば作りと収穫祭り、そば食の歴史的体験に祖父母、親たちも参加

５年生：稲作りの生産体験、収穫祭り（餅つき大会）に村民・親・全校児童を招待

６年生：錦鯉の産卵から成魚までの飼育と、村の錦鯉品評会へ出品・参加

総合活動は、教師・親・祖父母・住民・農協・行政などで営まれ、ここで生まれたさまざまな「つながり」、そしてその中に新たな自己発見をする喜びを体験した。

言い換えると、私自身のものの見方が変われば、学校教育の方向性も方法も変わり、子どもも教師も地域も変わる体験を実証することができたのである。それは自分自身が、山村の自然や地域社会の人々という対象になりきってしか感得できない「つながり感」の体験である。学校経営の推進はまさに「主体変様の科学」（黒田１９８３）によるものであると考える。

(3)　教育の個人目標と社会目標を一つにする「学校の森」づくり

新校長として痛感している学校経営の不毛は、その背景に教育目標が抽象的に過ぎて、実際にはお飾りであって実践との乖離が大きく、その必要性すら軽視されている点である。そのために教育目標は、学校教育全体の方向づけや方法を指し示す役割をはたしていない。

ところが「学校の森」づくりによって、学校経営の具体的な実践の方向性や方法を指し示す役割を、改めて認識することになった。そもそも学校の教育目標は個人目標と社会目標を包含しているものであるが、その役割や方法について、校長をはじめ一般には理解されていないのが現状である。言い換えると、この二つの目標は一つに統一されていなければ、実践者が取り組んでいくべき「的《まと》」にもならないし、「的」がないから皆の意気もあがらないことになる。したがって教育を進めていく実践の方向性も方法も不明確になって

しまう。

では、その二つの目標は何を目指せばよいのだろうか。J・ミラー博士は自著の「地球とのつながり」の章で次のように述べている。「これまでの教育は、地球破壊における本質的な役割をはたしてしまった。これからの教育は真の知性や英知を育て、地球とのつながりを取り戻していかなければ……」(Miller, 1996)と指摘しているが、教育の長い視点から見るならば、こうした結果に導いてきたことについて深く反省しなければならない。このことからも知れるように、教育の社会目標は「持続可能な社会の建設」を目指すことが不可欠であると考える。

また教育の個人目標については、黒田正典博士の主唱するように、人が「自己の一生涯の生きがい」の意義を感ずるような情熱を目標に持つことが何としても必要である。まさに「自己発見の生きがい」を探究することこそ人の生きる目標となり、それは「持続可能な精神性」とも言えよう。これについては第3章で、「自己発見の喜び」と述べるが、その意味は同じである(黒田1969)。

では「学校の森」づくりと教育目標とはどんな「つながり」があるのであろうか。

端的に言えば、「学校の森」づくりは、教育の二つの目標である個人目標と社会目標を統一する実践思想であると言える。つまり、「学校の森」づくりという「一点を押す」実践を進めれば、一人ひとりに自然・森と人の「いのち」の「つながり感」を育てることが可能である。それは、一方で「つながり感」の深化によって全人的発達を促進する役割をはたすとともに、他方では「つながり感」の拡大によって地球的規模における「持続可能な社会の建設」に向かうことを自覚できるのである。学校教育は、そうした目標を目指して教育実践を発展することが期待できるのである。

2　「学校の森づくり」の方法／宮脇方式の採用

(1)　土地本来の木による森づくり

第３章で詳述する「学校の森」づくりは、長岡市の川崎小学校に着任して気づいた都市における重大な教育問題の発見からである。すなわち、子どもたちの自然とのふれあいの欠如と子どもの健全な成長を抑制している都市環境の現実である。同時に、そのつながりのはてには、J・ミラー博士も指摘している地球環境を破壊している重大性なのである。そうした現状のなか、学校教育が自らの責任において実行できるのは、校庭に本物の「森」を作ることである。狭い校庭には規模の大きい本物の森は作れないが、自然生態系のモデルとしての「ふるさと」の木による「ふるさとの森」を作ることは可能だと考えた。

しかし、これを実行に移すにはとても大きな障碍があり躊躇《ちゅうちょ》することが多かった。在任期間が限られている校長にとっては、つぎの三つの障碍は特に大きい。第一に「学校になぜ森を作る必要があるのか」の理解を得ること、これが最も難題である。その苦闘ぶりのドキュメントについては、拙著『森をつくった校長』（山之内２００１）に書いてあるので参考にしてもらいたい。第二は森づくりのノウハウであり、第三は資金である。これらも同書に詳細に述べてある。要はこの三つの問題のうちで第一の課題さえクリアすれば、そのほかのことは文献もあり、植栽技術を持つ林業者や林業行政の専門家もいて協力を得やすくなった。資金のことも、最近は森づくりの理解が進んでいる自治体や企業が増えているので、学校の後援団体などと協力しやすくなり解決の可能性も高くなっている。

ここでは第一と第二を一緒にした植栽方法、つまり森と人の「いのち」の「つながり感」を生かした手法を中心に、宮脇昭博士（1987、2005）の植栽方法を紹介する。

① 基本的なこと

「学校の森」は、宮脇理論の「環境保全林」づくりに準拠しながら若干の特色があると考えた。子どもたちに四季の自然の変化と日々感動的な出会いができる場でありたいと願い、当地では落葉樹と常緑樹の植栽比率をおよそ7対3を目途にした。四季の森の風景が季節によって鮮やかに変化していくことが望ましいと考えたからである。人の心を惹きやすいような植栽に心がけることを考えた。

② 何を植えるか

宮脇理論で言う「その土地本来の木」、すなわち「潜在自然植生」にもとづいて樹種を選ぶ。――本来の森の姿というのは、主木となる深根性（深く根をはる）と直根性（真っすぐに根が伸びる）のシイ、タブ、カシ類（照葉樹）、ブナ、ミズナラ、カエデを中心に多くの樹種が生育している状態だという。しかし、現状はそうした土地本来の森から離れた二次林、造林されたスギ、ヒノキ、カラマツなどの人工林の代償植生となっており、宮脇理論で言うニセモノの森に化している。

③ 植え方

潜在自然植生の主木群のドングリを拾ってきて播種して、根が十分に発達してビニール製のポット容器内に充満するまで育苗する。1年半から2年半くらい経つと、地上部が30㎝～50㎝に生長し、根がポット内に充満した健全苗ができる。移植は年間をとおしていつでも可能であるが、3月～6月初めの梅雨前が理想的である。ポット苗は子どもでも容易に移植ができる。

自然の森における植物の競争的共存や自然の秩序形成の機能を考慮して、できるだけ混植《こんしょく》（いろいろな樹種を混ぜて）と密植《みっしょく》（混み合うように）にして植栽する。それはやがて木の生長過程にそって自然の秩序形成が行われ、丈夫で長持ちのする樹林を造ることになる。このように実際の植栽作業に参加しながら認識を深めることが大切である。

「川崎の森」は初めての試みだったので、ドングリの播種の方法をとらないで幼木を直接植えた。

④ 本物の森の特徴

「本物の森」、土地本来の木は火事にも地震にも台風にも強い。

アラカシ、ヤブツバキ、シロダモ、クスノキの常緑広葉樹、いわゆる照葉樹は、火事にあっても葉は焼けているが、そこで火が止まっているという。理由は、落葉樹に比べて葉が厚く多肉質で水分を多く含んでいるためだと言われる。しかも葉が密生しているので、長く火にさらされれば燃えてしまうが、長時間火に耐える力を持っている。照葉樹の特徴である直根、深根は根が地下深くまで達しているので、倒れにくいと同時に、逆に土砂崩れなどが起こりにくい土地をつくると言われている。地震にも強いと言われるのはそのためである。土砂崩れの多発する地域などでは、同じものばかりを植えた浅根性のスギやヒノキの人工造林が原因となっていくことが少なくないと言われる。このように「学校の森」づくりは、地域社会の防災のモデルになる役割をはたすことができる。そのほか、清浄な空気や水づくりのモデルの役割をはたす。

(2) 森づくりはみんなの手で

森づくりにとって大切なことは、樹木が数百年にわたって生長し続けるマウンドづくりに、大勢の人たちが参加して、作業をとおして森の「いのち」の「つながり感」を体感することである。

樹木を植栽するマウンドづくりには、水はけをよくする砂礫土を下部に敷き、その上の表層土の約30㎝はできるだけ森林表土に復元するために、落ち葉、もみ殻、有機肥料、バーク堆肥を土によく混ぜ合わせて栄養分豊かで、保水力と通気性のあるマウンドにすることである。

その作業には子ども、教師、親をはじめ住民、そのほか、幼児や老人も含めて可能な限り多くの人々が参加すること、そしてみんなが実際に手をかけることが、木を植えることと同様に重要なことである。一人ひとりが実際に手をかけ作業することによって、森と人の「いのちのつながり感」を感得するからである。それはまさにエコロジカルな教育の効果をあげる不可欠な条件でもある（宮脇１９８７、２００５）。

3 「いのちのつながり感」を育てるカリキュラム構成原理

(1) 「学校の風景」が一変する「学校の森」づくり

学校というと、学校制度ができてからこれまで長い間にわたり、「校舎と運動場」の施設で教育が行われていた。教師は子どもに対して「伝達」・「教える」のを本務とし、子どもたちはそれを『覚える』という関係が成り立っていた。そこには、教師は子どもたちにいかによく「教える」かという使命があり、子どもたちはそれをしっかり「覚え」ようという一つの「学校の風景」があった。

ところが、この学校の施設に新たに「学校の森」をつくると、それまでの「教える――覚える」場に、今度は「感じる」という施設が加わり、森の中は子どもが主役になるのである。子どもは、森の中で自由に遊び、四季の移ろいを感じ、気づき、学び、癒されるのである。子どもだけなく、教師も親も地域の人たちもみんなが四季の自然の移ろいを感得でき、自己発見できるのである。つまり、「伝達」教育の場に、新たに子どもたちの「自己発見の喜び」を体験できる「学校の森」が加わり、「学校の風景」は一変する。

このような「学校の森」の思想を学校教育に生かしていくには、これまでのようにバラバラな教科のままで教育課程を編成したのではできないのである。言い換えると、「学校の森」の「一点」を押せば、みんな一つに「つながる」ようなカリキュラム、森と人の「いのち」の「つながり感」を生かしたカリキュラムの構成原理を探らなければならないのである。しかしよく考えると、それは何も新しいことではなく、すでに戦後、一貫して変わることなく示されている、学習指導要領の「教育課程編成の原則」（学校教育法施行規則）を現実のものにすることから始めればよいのである。

その原則とは、それぞれの地域社会や子どもたちの実態、学校の実態という歴史的な教育現実を学校経営に生かすことである。そのためには、それらの「いのち」の「つながり感」を生かした教育課程編成研究の成果を待たねばならないが、今もってそれは見ることができないでいる。その理由について、つぎの三つの大きな理由が考えられる。

第一の根本的問題は、カリキュラムの全内容が、学校の教育目標である「自己発見の生きがい」、すなわち「自分はこれができる！」という喜び、「学ぶことは喜びになる」という方向をとらなければならないのに、その「つながり」が見られないでバラバラである。現状では、指導すべき内容はすでに教科書として与えられているので、学校にとって最大の関心は、年間にわたって教科内容（教育課程）をどう配分していくかであり、教えるべき教科内容に大きな比重がかかっている。そのため地域や子どもの実態をカリキュラムの編成に生かしにくく、「つながり感」のきわめて弱い現状である。

第二の問題は、指導すべき内容（教科書）が決められていても、その指導は子どもの人格の形成にどのように寄与するのか、それが不明確なままに、あるいは理解されないままに教育課程の編成が行われている点である。人格形成と教科内容との「つながり」が不明確であり、乖離《かいり》している実状である。

第三は、学校は自らの責任でその実態に即してカリキュラムを構成しなければならないのに、教育行政の「タテわり」と「上意下達」システムによって、その学校の歴史的な教育現実を生かした主体的でかつ総合的な学校経営の取りくみが困難な現状になっている。

(2) カリキュラム編成に欠ける人格形成

学校経営は、すでに述べてきたように、それぞれの地域社会の運命的な歴史的現実を受け入れ、実際の教育目標に生かしていくことである。そのためには教育課程を年間にわたって配分するだけでは不十分であって、それらが人格形成にどのように役立つかが重要な点である。これまでのカリキュラム編成では人格形成との「つながり感」が欠落している。教科書を中心に教育を進めているだけでは、人格形成を目的にする学校教育にとって片手落ちと言わざるを得ない。

そもそも教科書は「主たる教材」であって、そのまま教えるものではない。つまり「教科書を教える」ものではなく、「教科書で教える」ことが原則なのである。したがって、「教科書で教える」ということは、それによって人格形成にどのように寄与するかが明らかになっていなければならない。では、人格とは一体どのようなものか、私たちの立場を説明したい（図1）。

人格の根本的仕組みとして、最も基礎的な「身体の層」があり、その上に「心の層」、最高の層に「精神（魂）の層」を考える。それらは、みんな「つながり」あっていて一つであり、基礎がしっかりしないとその上の層もしっかりしないというように理解される。「健全なる精神は健全なる身体に宿る」という諺も人格の層構造の基礎的な「身体の層」が健全であれば、最高の「精神（魂）の層」も健全になるというように、各層は一つにつながっている。また上部の層は下部の層によって支えられ、影響しあっていることが容易に理解できよう。

つぎに、教育目標と教育内容（教育課程）の類型との「つながり」、それと人格層との「つながり」、さらにそれぞれの教育方法とが「つながる」ように、教育目標がカリキュラムの全体と「串ざし」されるように、つながり合うことが必要である。図2で説明する。

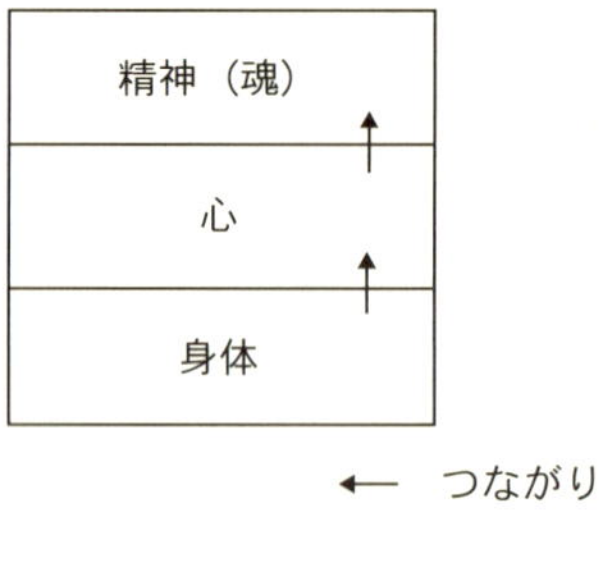

図1　人格の層構造（人格のタテ構造）

(3) カリキュラムの構成原理

学校で学ぶ教育内容（教育課程）は、教育目標「学ぶことが喜びになる」と一つに「つながる」ようにしなければならない。その「喜び」は「自己発見の喜び」、自分はこれが「できる！」という喜びと結びつける必要がある。また教育内容（教育課程）にも「つながり」あういくつかの類型があり、それぞれの教育方法と結びついていなければならない。

身体の層には「技能的類型」——体育、音楽、家庭・技術、生活習慣、言語や文字、数字・計算などの習得が関係し、それらは「できる喜び」が結びつくようにする。これは技能にかかわる「できた！」という喜びを目指して技能の訓練や習熟、習慣化が必要なものである。

心の層には「再発見的教科類型」——国語、算数、社会科、理科が関係し、「わかる喜び」を結びつくようにする。この「喜び」は、単に人の話したことが「わかった」とか、跳び箱をとぶ要領が「わかる」ということではない。ただ知識を得るだけでもない。もっと深い意味を感じとることである。今まで見えなかった仕組みや意味、ものごとの関連に目が開かれたときの深い感動、「あっ、そうか、わかった！」という喜びである。いわゆる問題解決的学習

目標	中間目標	人格層構造	教科類型	内容	方法
全人格的発達・自己発見の生きがい 学ぶ喜び	← 心を決める喜び ←	精神の層 ←	決断的	道徳、特別活動 生活科、図工（書） （総合学習） ←	行動の決断 価値の選択
	← わかる喜び ←	心の層 ←	再発見的	国語、社会、 算数、数学、 理科 ←	問題をもつ 内面的理解 （問題解決学習）
	← できる喜び ←	身体の層 ←	技能的	体育、音楽、 家庭科、言語、 文字、生活習慣 ←	伝達 技能習熟 （訓練）

←— つながり

山之内義一郎『森をつくった校長』春秋社，219頁

図2　人格の層と教科類型によるカリキュラムの構成原理

の教科類型がそれに当たる。「算数の作問」の学習から発展した国語、理科、社会科の教科のように、目に見えなかった仕組みや構造、意味を再発見する喜びである。

精神の層には「決断的類型」、すなわち道徳、図工――特に絵や書、特別活動、生活科、総合学習などが関係し、それらは「心を決める喜び」と結びつくように誘導される。

これは意志、選択、決断というレベルの「喜び」で、自分で行動や価値を選択し、決断することから生まれる「喜び」である。自分の意志によって選び、自分の意思によって行動を決めることであり、「学ぶ喜び」の最終的な目標でもある。ただし3類型は絶対的ではなく、相対的関係である。これらの三つの「喜び」は、いずれも学校教育の中心目標の「自己発見の喜び」に結びつけられるのである（山之内2001）。

(4)「学校の森」の教材性（図3）

「学校の森」は、学校教育の中核に据えるものであるが、その意味について述べる。

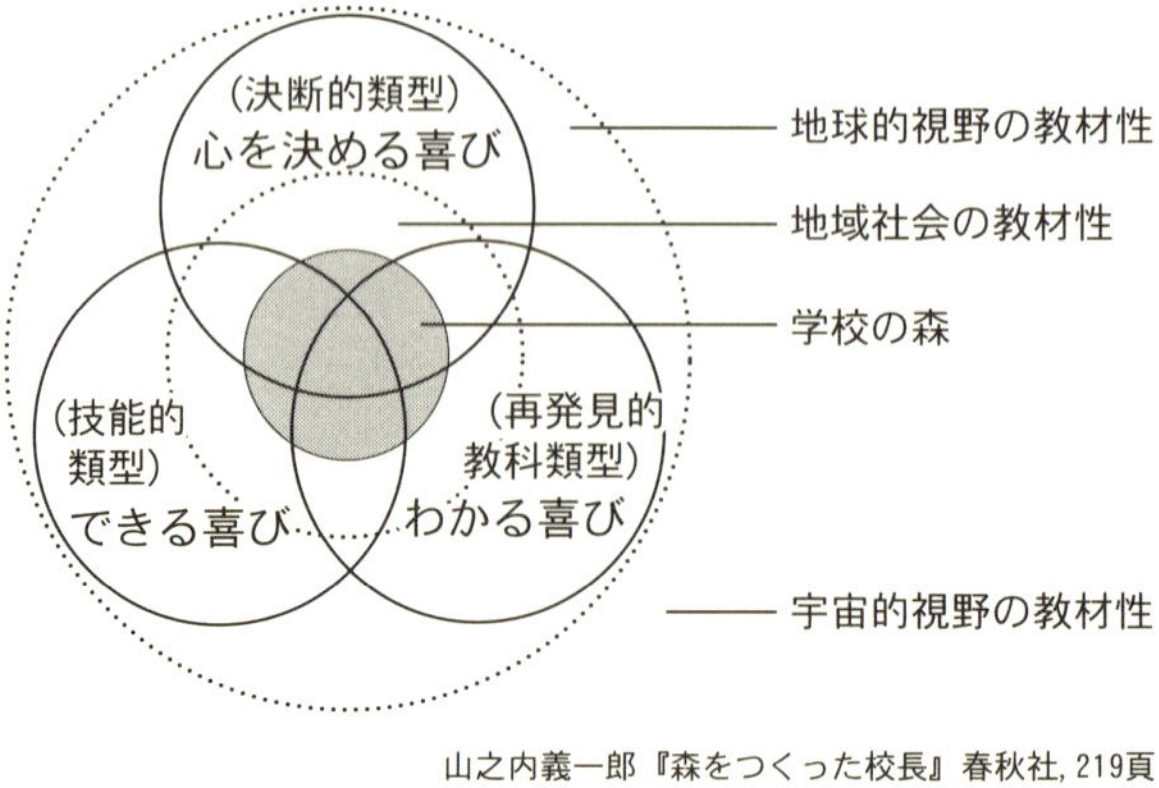

山之内義一郎『森をつくった校長』春秋社, 219頁

図3　「学校の森」と教科類型・教材性の関連

一般に教科書は「主たる教材」とされている。したがって「教材」というのは、子どもが教科を学ぶ際に、その学習内容をよく理解できるように、教師は教科書のほかにさまざまな教材を工夫し、用意する。それに対して「学校の森」のような生きた現象そのものとの「出会い」は、それによって、子どもたちは四季の自然の移ろいとふれあい、それに感応して、その子らしいさまざまな「つながり感」を育んでいく。そうした「学校の森」とのふれあい体験は、いわば特定の教科を対象にした教材とは違って、総合的な教育的働きを持っている。言い換えると、「学校の森」のように、四季の自然の移ろいやさまざまな自然の豊穣な働きを持った全体的総合的な教育的機能を備えているもの、そうしたものを「教材性」と呼ぶことにしている。

子どもたちはさまざまな働きをもった「学校の森」をどう受けとめるか。教科学習が記憶に偏りがちであるのに対して、豊穣な森との生きた実践体験では、心身一体の総合体験の魅力を感得することが大切な点である。ここに生きた森のもつ教材性の幅広い意味がある。その特徴をあげてみる。

①子どもたちは、自然な「学校の森」の四季の移ろいに大きな魅力を感じ、その時々に子どもたちは感応し、一人ひとりの気づきや発見を体験する。また、なぜかそこに居るだけで癒される経験を味わい、そこがとても好きな居場所になっている。相手の身になり、思いやりの気持ちはそうした森とのふれあいによる日常的体験のなかで培われる。このような「学校の森」とのふれあい体験は、内面的なつながりを深める体験の場になっている。

②森と人の「いのち」の「つながり感」は、日々の自然の移ろいに出会って一人ひとりの子どもにさまざまな気づきをもたらしてくれる。まさに「学校の森」は、それらを生かす発想の基地として、さまざまな分野に対する興味や関心を深めたり、豊かな感性の発達を促進させたりして、学校教育における生き生きし

た実践活動を展開させることが可能である。など、「学校の森」を中核とした多様な教材性を活かした学校経営の実践的研究によって、学校教育全体を甦らせることが期待できるのである。

文献

黒田正典（１９６９）『新版心の衛生』協同出版
黒田正典（１９８３）「現代の心理学を考える／黒田正典論文」川島書店
長岡市新町小学校（１９６７）『算数の問題づくり／作問指導の実際』野島出版
長岡市新町小学校（１９６８）『ひびきあう子ら』野島出版
宮脇昭（１９８７）『森はいのち』有斐閣
宮脇昭（２００５）『ＮＨＫ知るを楽しむ・この人この世界／日本一多くの木を植えた男／宮脇昭』ＮＨＫ出版協会
Miller, J.P.,（1996）The Holistic Curriculum, OISE Press.
山之内義一郎（２００１）『森をつくった校長』春秋社

山之内　義一郎（やまのうち　ぎいちろう）**日本ホリスティック教育協会顧問／ＮＰＯ法人学校の森理事長**
１９３０年生まれ。53年新潟大卒、74年新潟県山古志村立虫亀小学校長就任来５市町村を歴任。その間総合活動を中核にした学校経営を推進。86年からの「学校の森」経営体験をもとに、その普及につとめる。

千葉胤成博士の「森のこころ」

黒田　正典

この論文は千葉胤成著作集第3巻『教育の心理学』（1972、協同出版、469-488頁）に収められたもので、森に関する考察が教育を主題とする著作のなかに出てくるのは、まことに珍しく、その点で「学校の森」を提唱する本書と軌を一にするものである。論文の全体は大きくⅠ・Ⅱ・Ⅲ・Ⅳ・Ⅴの5編にわかれ、各編の内容は次のとおりである。

Ⅰ　「緑の野」

これは小学6年の国語教科書に出ていた物語である。デンマークが戦いに敗れ、作物のよくできる2州を失い、国民は苦しんだ。そこに軍人ダルガスと息子は樅の木を植えるためさまざまの試行錯誤をして、森林からよい材木がとれ、水害がなくなり、作物ができ、都市・交通が復興した。この物語に対して千葉胤成は精神的理念が現れていないので、その点を補うため、以下考察をしたのである。

Ⅱ　森林と人生

1　古い童話や伝説には森がよく出てくる。千葉の幼児期の経験では家々には大きい木があったし、神木と称せられた大杉が所々にあった。

2　明治末期以後はそれらはなくなり殺風景になった。

Ⅲ　ドイツと日本

ドイツと日本の両国はいろいろの点で似通うといわれているが、森林愛護の精神においても、恐らく世界の国々の中で最も著しい2ヵ国といえる。34～35年前のことであるが、千葉は第一次大戦直後、在外研究員を命ぜられてドイ

ツに向かった。マルセーユに上陸後リオン、ストラスブルクを通ってまっすぐにライプチヒに向かった。

２月半ばであったが、フランスの山河は荒れはて、工場は壊され煙突は倒れ、山野の樹木はわずかであった。ストラスブルクでドイツの列車に乗り換えたが、それまでの列車とは打って変わって車内は清潔、時間も正確に運行されていて驚いた。夜中は寝込んでしまったが、朝、目覚めると河のほとりの大都会に近づきつつあった、河にそって町を囲み、驚くべき大美林が広がっていた。時間表で見るとフランクフルト・アム・マイン！　沿線はどこもよく清掃され畠はよく耕され、河川の所々の沿岸の木陰には古城の塔が見え隠れして、列車を見送る乙女の姿あり、草を食む牛・羊が見られた。……

ライプチヒでは大学を訪れ専門の教授にあって来意を伝えたが、直ちに希望を受け入れられた。

ライプチヒで暮らすようになってから千葉は休暇を利用し、各地の大学や研究室を見学する序《つい》でに、つとめて田舎にとまり山野を歩いたが、どこにいっても立派な美林があり、山奥でもきれいに掃除されていた。ドイツの山川の美は単に自然の美ではなくて、ドイツ人の智力と情熱によってつくられたものである。森愛護の美風はドイツが最も優れているが、現在の日本は及ばない。そもそもドイツの憲法は農政を基礎としており、１９３７年ではドイツの総面積に対して約4分の1、27・5％は美林である。

日本については、万葉集においても「はぎ」をよんだものが１４０首におよび、森林の美が万葉集以来、幾多の詩歌でうたわれ、樹木への愛が現れている。

風景・風土の心理的影響についてはドイツのヘルパッハが「風土心理学」とも言うべき著作を出したが、日本では志賀重昂が明治27年に『日本風景論』を著し、日本の気候の多様性、多い火山岩・水蒸気、流水の激しさを指摘した。その日本の地形や寒帯・熱帯の両気候は植物を豊かにさせ、特に松柏類の繁栄となり、日本的風景を生んだのである。この豊かな植物は日本人の性格を温順にしているとしていた。

このような自然環境が与えた日本人への影響は、北条時頼の著と伝えられる『人国記』でも注目されている。

日本では太古の昔は土地の私有は許されず、森は共有林であったが、後に小豪族が各地に起こり、山林占有の弊害が生じたため、政府はこれを禁じ森林官を定めた。「山守部」が応神天皇5年（２０５年）に設けられたが、世界最古の林政官庁と考えられる。ヨーロッパではフランスが土砂防止のための保護林をつくったが、それは１６０６年、日本の慶長11年のことである。この保護林の精神的意義については、①宗教的、②教育的、③風致的、④衛生的、⑤交通的、⑥保安的、⑦農業的、⑧漁業的、⑨軍事的などが従来、あげられている。

Ⅳ　居久根

千葉の第４の「衛生的」意義のある「屋敷林」すなわち東北の「居久根」をとりあげ、その歴史的成立過程、その地域的分布――関東・東北に多く、とくに美林は宮城県の北方、岩手県一帯にある、形態・機能、植林に関する美談などについて論述している。東北地方の森林は全国山林の総面積の１／７を占めることを誇りにすべきである。

Ⅴ　「森のこころ」の最後のⅤ章の「むすび――〝森を愛する心〟〝森に愛される心〟」において、千葉はまず自分の生家について語る

生家は東北の一農村の7代伝わる医者であるが、隣家に卯八という棟梁がおり、村のいろいろの趣のある山門その他の建物や興味深い古文書を残している。それらの文の最後は次のようにまとめられている。

『要するに「森を愛する心」は「森を恋うる心」であり、しかもそれは「森に愛せられる心」、「森に慕われる心」である』と。

黒田　正典（くろだ　まさすけ）
１９１６年生まれ。東北大学名誉教授・文学博士・日本心理学会名誉会員。40年東北大学卒業。理論・臨床・筆跡など心理学専攻。新潟・東北・岩手・東北福祉、各大学教授歴任。

第2章 「学校の森」実践のホリスティックな意義
——近代学校の風景を変える

吉田　敦彦

はじめに

とにかく「学校の森」を一目みたい、それを創案された山之内先生のお話をゆっくりとお聞きしたい、と大阪から夜汽車にのって新潟を訪ねたのは１９９３年のこと。小千谷小学校と川崎小学校の「森」に案内していただいた(1)。

ちょうど子どもたちが下校の時間だった。校舎の玄関から出てきた子どもたちが三々五々、校門までの間にある「森」のなかへ、吸い寄せられるように寄り道してから帰っていく。気が向いた何人かの子どもたちが、まったく自然な形で寄り道するその姿が、印象的だった。話しかけるようにひとつの木の幹を撫でていたり、うずくまって何かを探すように木の根元の土をさわっていたり、ただ何とはなしに友だちとおしゃべりしながら木陰途を通り抜けたり。授業中ではなく放課後の、先生たちの目が届いていないところでのその子どもたちの姿が、かえって森と子どもたちのつながりの質を感じさせた。手塚郁恵さんの『森と牧場のある学校』（手塚１９９１）で、一人ひとりの「わたしの木」があって、お手紙を書いたりして対話していること、けんかをした子どもたちが、この森に入ってお話しすると仲直りできたこと、そういった話を思い起こした。そして、授業のなかの教材として使われるだけでなく、このように、朝来たときや帰りがけなどに自分の気持ちに誘われるまま入っていける空間になっていることが、とても魅力的に思えた。

森そのものは、想像していたほどの大きさはなく、当時はまだ植樹された人工林という感じが残っていた。その後、十日町南中学校で森づくりに取り組むプロセスや、ホリスティック教育協会のセミナーなどで訪問するたびに、みるみる樹々が大きくなっていった。98年、新緑を過ぎて葉も繁茂した6月に訪れたときには、この森のなかに足を踏み入れたとたんに、「ああ、空気がまったく変わる」と感じた。外から眺めていると小さな森だけれど、なかに入ると、「学校」という世界とは別世界になる。頭上にはすでに樹々が高々と枝葉を広げて木漏れ日だけを許し、ソデの中低木もしっかり育っているため周りを見渡しても校舎などが見えない。時間の流れ方も変わるようで、いったんこの森の世界に入ると、なかなか外に出て行きたくなくなる。目を閉じて、大きな息をすうことができる。

教室と廊下と体育館と運動場。それだけではない、いわゆる「学校的」ではない時空が、学校のなかの一部に、たしかに出現している。そして、学校の風景が変わる。そのことのもつ意味は大きい。

いま「森」を学校の空間の中に植え込み、それを育てる実践は、象徴的なまでのインパクトをもつ。実践的にも思想的にも、近代学校の近代的な限界を問い直して、ポスト近代を射程にいれて学校の存在意義を再定義する意味をもちうる。とくに、この列島の縄文以来の古層に根ざす「森の思想」を考慮に入れるとき、そうである。それは、野生の自然と人間とのかかわり、伝統と近代のかかわり、地域に根ざすローカルな文化とグローバル化していく文明とのかかわり、神話的（物語的）思考と啓蒙近代の合理的思考とのかかわりなど、私たちの社会と地球が21世紀も持続可能であるために問わなければならない課題と、真正面から向き合わせてくれるからである。

このような課題を引き受けつつ、国境を越えて協働していくために共有されてきたのが、「ホリスティック教育」というコンセプトである。そして、『ホリスティック教育／いのちのつながりを求めて』（ミラー1994）の著者、カナダのジョン・ミラー氏や、韓国のホリスティック教育実践学会の初代会長金明子《キム・ミョンジャ》女史などの紹介によって、海外にまで知られるようになった日本発のホリスティックな教育の代表的な事例が、「学校の森」づくりの実践である。この実践とそれを創出した山之内義一郎氏の思想とカリキュラム理論のなかには、ホリスティックな志向が集約的に表現されている。[2] 言い換えれば、それをまさにホリスティックなものとして捉えなおすときに、その多層的な意義を、人類史的な課題をも視野に入れて、十全に理解することができる。では、どのような意味においてそうなのか。

以下、ホリスティック教育の育む「6つのつながり」に即して、「学校の森」の実践的な意義を整理していこう。ジョン・ミラーの提案をうけて、筆者は日本の教育界の動向を加味しつつ、次のような「6つのつながり」を育むものとしてホリスティック教育を定義した（吉田1999）。

① 全人教育の志向／意志─感情─思考─直観のつながり
② 総合学習の志向／さまざまな教科領域の間のつながり
③ 生涯学習社会の志向／家庭─学校─地域のつながり

④地球市民教育の志向／個人と人類共同体とのつながり
⑤環境教育の志向／自然と人間と文化のつながり
⑥臨床教育の志向／自我と自己（スピリチュアリティ）とのつながり

論述の順番としては、5番目から1番目のつながりへと遡り、最後に6番目のつながりに言及して論を深める。そして、それらを「いのちのつながり」を育むものとして総合する。ジョン・ミラーの『ホリスティック教育』を邦訳したとき、その副題に（原著にはなかったがミラー氏に了承を得て）付した和語が「いのちのつながりを求めて」であった。この「いのちのつながり」を豊穣に感受させ表象できるメディアとして、「森」ほどの力をもつものは、なかなか他に見当たらない。

1　自然と人間と文化のつながり／環境教育の志向

地球規模の森林伐採や化石燃料使用の増大による温暖化の進行、郷土の山や川や海と結びついた暮らしを支える地域環境の破壊……。学校のスペースに実際に森をつくり育てる実践が、21世紀の人類の切迫した課題に応じる環境教育の実践であること、それには多言を要しない。ジョン・ミラーも、彼の諸著作においてこの日本の学校の森づくり実践を、「地球とのつながり」を志向する事例として紹介している（Miller, 1996）。

しかしそれは、狭い意味の環境教育の枠に収まらない。ポイントは、この「学校の森」は、もし原生林がこの地域に残っていたとしたら、どのような植生の森であるか、その地域自然植生の調査を踏まえた生態系の森であること。美的景観のための緑化事業や、二酸化炭素を吸収し酸素を供給するための植林事業ではない。この違いは大きい。自分たちの生存のために植林するという発想は、自然を手段視し、人間がコントロールする対象としてみる操作的な構えの枠内にある。生態系を模した森、「野生の森」を人工的につくるというのは、その枠を越えた大胆にして微妙な、ある意味ではパラドキシカルな発想である。

自然植生を模した多様な樹種からなる森をつくれば、四季をめぐるその成育のプロセスで、それぞれの樹が自らにふさわしい場所と大きさを得ながら、土壌を育て、鳥や虫を呼び寄せ、相互に依存しあう生態系を自ら創り出す。もちろんそれも人工的に創るものであるが、次第に森そのもののもつ自己創出的な秩序形成作用がはたらいて、そこにダイナミックないのちのつながりが生み出されていく。

このような森を創ったあと、それは枯葉を落とす雑木林であるから、秋深まると周辺道路にたくさんの落ち葉が舞い落ちる。近隣から苦情も出よう。川崎小学校では、それを「落ち葉返し」という「返し技」で、環境教育につなげっていったという（詳しくは本書120頁）。「落ち葉」というのは、邪魔なゴミではなく次のいのちを育んでいく土壌のもとになる。自然にあっては、生の終わりは新たな生の始まりである。それを学びながら、子どもたちはアスファルトの道路に落ちた枯葉をかき集めては、森の木々の足元に返していく。生と死が循環しながらつながっていくいのちの営みを、こうして人間の手も加えて支えることを学ぶ体験。人間のための適切な「環境」の整備を学ぶ環境教育ではなく、天地自然の営みに人間が参与してともに生きていく、そのような「天地の化育を賛《たす》ける」（『中庸』）ような教育。

いのちがつながるこの働きのなかで、人間は生かされているのであって、その逆ではない。「自然」と「人間」との共生を学ぶとき、まずこの「いのちのつながり感」を感受できるかどうかは決定的なことである。しかし同時にまた、手つかずの野生の森へのロマンだけで人間は生きられるものではない。人間は、やはり自然に働きかけて意図的に改変していく「文化」をつくる存在であること。「森」と「里山」と「林業」。森の動植物とともに生きる人間の文化。それらを学ぶためにも、まずは、始原の森にまで遡ってみようとする。野生の自然の森を、意図的に作り出してみようとする不自然な実践にあえて取り組む。そこに、自然と人間と文化との、けっして予定調和的ではない、矛盾や葛藤のある微妙な関係が映し出される。

自然の森を人工的につくるという不自然な実践は、むしろそのパラドックスのなかに、従来の教育の発想を越える可能性を秘めている。自然の一部でありつつ、そこからはみ出してしまう不自然なホモ・サピエンスという種が背負った矛盾に、この森づくりの実践は正面からチャレンジしている。このパラドックスを自覚的に引き受けていくとき、自然を支配するだけの文明ではなく、自然とともに生きる文化を未来へ向けて再創造していく現代的課題に、単に自然を賛美するロマン主義を超えて、取り組んでいくことができる。

なぜお金をかけてまで「雑木林」なんかをつくるのか、という反発を含んだ疑念が、森づくりを提案した当初に強くあったと、そのように山之内氏は述懐している。想像に難くない。それほど、自然の森を創るというのは、従来の教育を発想する枠組みを超えた、創意あふれるチャレンジだった。

2　個人と人類共同体とのつながり／地球市民教育の志向

「学校の森」の実践は、学校教育の目的を、「持続可能な社会の構築」という社会目標と、「自己発見の喜び（生きがい）」という個人目標とから捉える目的意識によって支えられている。「自己発見」の方は後述するが、「持続可能な社会をつくる」という教育目標が、たとえば国際市場競争のなかで勝ち残れる社会をつくるといった目先の、国家レベルでの利害に縛られた目標を超えて明確になっているところに、この「学校の森」実践の今日的な意義がある。国連・ユネスコが提唱した「持続可能な開発のための教育10年（２００５-２０１４年）」（この提唱には日本政府も責任ある役割を果たした）がはじまっているが、これは、その先行的なモデルとして注目されてよい（吉田＋永田＋菊地２００６）。

地球環境問題にかかわる意義については先に述べたが、この問題に対応するには開発や貧困をめぐる南北格差問題が絡んでいることをグローバルな視野から捉えなおし、かつローカルな足場から一つひとつの実践に取り組む必要がある。身近なところに森を実際につくり育てる経験は、その「グローカル」（山脇２００４）な視野と実践力を育む契機となる。ここでとりわけ注目しておきたいのは、「森づくり」が、このような空間的な視野の広がりだけではなく、時間的な、世代を超えてつながる未来へのまなざしを育てる点である。

十日町南中学校の「学校の森」に建てられた記念碑の言葉――「南の森　未来をみつめ、森を育て、森に学び、森とともに生きよう」は象徴的だ。植樹のあとの中学生たちの感想にも、はっきりと長いスパンで未来をみつめ、だからこそ今していることの意味と喜びを感じ取っていることがうかがえる（本書１３３頁）。ひとつ抜粋すれば、「……今本当に自然破壊をして、鳥も住めなく絶滅動物も多くなっています。南中の森も何十年もすれば鳥がやってくるでしょう。何百年もたてば、教室から見える風景も木々で見えなくなるでしょう。私はうれしいです。私たちが卒業する前に、自分たちの手で植えたことです。きっとこれから一生自慢できる宝物になると思います」。

何のために学校で学ぶか。いま自分が教えているのは、何のためか。単に受験学力をつけさせるためだけではない目標をもって奮闘している先生たちがたくさんいる。この子どもの幸せを願い、この子がこの社会で生きていく力を身につけさせたいと。ただ、この「森づくり」の実践に凄みがあるのは、そこで中学生たちは、ただ自分自身の人生にとってプラスになるから森をつくったのではないことによる。彼らが森をつくることの喜びと誇りを得ているのは、いまは「はげ山」のような自分たちの植えた木が、「何十年もかかって」森になり、後輩たち、あるいはまだ生まれていない来るべき世代に喜んでもらえるからである。「七世代先の人たちのことを考えて、今なすべきことをせよ」とはネイティブ・アメリカンの箴言であるが、「森づくり」は、現在世代ではなく将来世代への想像力をもった学びを実践できる類まれな力をもつ。かつてより里山を守り育ててきた人たちは、自分の世代ではなく未来の世代をみつめていた。

現在世代が自世代の利益を優先して考えることに疑問を抱かなくなったとき、この社会は持続可能なものでなくなる。学校教育も、教育サービスの消費者のニーズにこたえるように追い立てられる風潮のなかで、ますます私的な利益の追求が当然視されるようになっている。学校が、私的ニーズへのサービス機関に堕するとき、その公教育機関としての存在意義を失うだろう。私的利益を超えた遠い未来の福利に思いはせることのできる「森づくり」実践は、公共的な教育の機関としての公教育の存在意義を取り戻すという切迫した課題に呼応するものでもある。

3　学校─家庭─地域のつながり／生涯学習社会の志向

「学校の森」をつくるにあたって、山之内校長の小学校でも佐川校長の中学校でも、ＰＴＡ組織が実質的な働きをしていることは特徴的である。森づくりの準備プロセスのすべてに教職員や子どもたちがかかわる時間的な余裕がない現実もあろうが、森をつくっていく人的なネットワークは教員集団よりも地域社会がもっていることが多く、また、なにか学校の役に立ちたいと願っている親たちにとって、子どもへの直接的な教育活動にかかわるのは躊躇われても、このような学習環境作りは手伝いやすい。森をつくると学校と地域の「つながり感」が一気に深まると言われる。親や地域住民が頻繁に学校に出入りして森をつくる活動をともにすることによって、親が学校と地域をつないでいき、学校が地域に開かれていく。

地域と連携する開かれた学校づくりは、日本の各地ですすめられている。そのような試みと比して、やはり「森」ならではの効用がある。つくるプロセスで多くの人がかかわるだけでなく、ともに汗を流してでき上がった森が、学校という空間の中に存在し続ける。それは、学校と父母・地域との共催行事にありがちな、その場かぎりの単発のイベントではない。自分たちが作った森が、しっかり姿を現して学校のなかに存続し、年ごとに成長していく。それを見守り続けるのは、かかわったすべての人にとって喜びである。そして、その成長を支えていくには持続的な世話が必要でもあり、そのために「森の会」というボランティア・グループが各学校で誕生し活動を続ける。

学校という教育空間にあって、「森」は、独特のスペースを生み出す。教室が並ぶ校舎と体育やクラブ活動をする運動場。それだけでデザインされた学校には、気軽に学校のなかに入ってくださいと呼びかけても、一般の地域の人には敷居が高いだろう。隅々まで「教育的」な意図で埋め尽くされた学校空間には、教育者という役割をもたない大人のための居場所がない。それに対して、学校に忽然と姿を現した「森」は、教育施設としてデザインされたのではなく、「自然」を模した森なのである。そこでは「自然体」でいることができる。幼稚園の子どもたちがお散歩に立ち寄ってドングリを拾っていく、お年寄りが森のベンチに腰掛けてボーっと生徒たちの様子を眺めている。そのようなオープンスペースが学校と地域の「間《あわい》」に生まれていくこと、それは「自然の森」ならではの効用であるだろう。

学校の森は、近代学校の風景を変えていく。地域の暮らしのなかで親の足元にいるだけでは学べないことを、子どもたちをそこから引き離して特別な時間と空間に囲い込んで教えてきた近代学校。しかし、学齢期の子どもだけを一ヵ所に隔離して、教育専門家（教師という大人）だけの手によって教育するという発想そのものが、限界にきている。これからの学校は、学社融合（学校教育と社会教育の融合）の生涯学習社会の中核施設として、あらゆる年代層の人たちに開かれた学びの公共空間であることを求められる。公園（パブリックスペース）を中心にして、幼稚園から老人ホームまでを総合的に配置する学習公園化構想なども出されているが、「学校の森」は、こういった発想をより現実的な形で先取りしている。そして、「森」が、空間的にだけでなく、時間的な射程の長い存在様式であることが、やはりここでも効果的だ。卒業生にとっても、森のある学校には帰りやすい。教えてもらった先生には異動や退職があっても、森はいつでも、さらにこんもりと茂った懐を深くして、迎え入れてくれる。世代を超えたやわらかい交流が、「森」をメディアとして生まれていくことが期待できる。

4　さまざまな教科領域の間のつながり／総合学習の志向

「総合的な学習の時間」が学習指導要領に登場するはるか以前から、この「学校の森」に結実する「総合活動」が、山之内氏の創意によって取り組まれていた。高度で多元的な価値を秘める「森」は、国語や理科や社会科などの教科、道徳や学校行事などの領域を結びつける総合学習のコアとなりえる。それは本書でも実践例が挙げられているし、理解しやすいことだろう。ここであらためて確認しておきたいのは、山之内氏にとって、なぜ総合学習だったのか、そのコアとなる総合活動をどのような洞察力でもって選び取ったのか、という2点である。というのも、総合学習というのは、従前の近代学校のカリキュラムに追加された一つの付加物などではなく（単なる「ゆとりの時間」や「体験学習」などではなく）、近代学校の役割そのものを再定義するほどの意義をもつことを、十分に理解しておく必要があるからだ。そうでなければ、学力低下論などによって、簡単に揺さぶられて押し戻されてしまう。

まず、総合学習への出発点は、「はじめに教科ありき」ではなく、「はじめに教育目標ありき」なのだということに気づきなおすことだったという。自分の教える教科をどうしたらうまく教えられるか、ということに日々の実践のなかで真摯に取り組んでいるからこそ見失われがちなこの原点。実践者としての苦悩に共感しつつ、しかし、「分化、専門化したバラバラな教科をそのままにして指導法に腐心してきたが、そうではなく、まず、教育目標に直結する生きた実践課題にどう取り組むか、という総合的な体験活動をどうするかが中心の課題であって、その体験と深く「つながり」合っている教科の指導をも含めて学校教育の全体を、総合的に考えていくことが大切なのである」と強調されている（本書66頁）。

その教育目標とは、先に述べたように「自己発見の喜び」と「持続可能な社会の建設」、あるいは「いのちのつながり感」と「学ぶ喜び」である。このような目標を言葉のうえで共有することは、それほど困難なことではない。大切なのは、それを美しい理念に終わらせない、「一点を押せば、みんなふっ立つ」ような

「ツボ」となる「生きた実践課題」を具体的にどう設定するかであろう。そのようなツボとなる中心課題を、それぞれの学校の実態のなかで探り当てること。その洞察力を、山之内氏は「全体直観」や「ホリスティック・インサイト」という言葉で表現している。切実な問題意識をもって実践を「内省」するなかで、深層意識と接触して点火する「ここは森だ！」という全体直観。第1章では、印象深い「耕して天に至る棚田」の風景から得た気づきが語られている[3]。ここでは、とくに次の一節を引用したい。「教師の実践というのは、あれもこれもただこなしていくのではなく、その中にとても重要な意味のある実践がある。その実践は日常的なあらゆる実践と深くつながっていて、それは常に心掛けておくべき大切なものである。その実践こそ忘れてはならない一点だというのである」（本書11頁）。

あらゆる実践と深くつながっているこの一点のツボを押さえる学びのことを、総合学習と呼ぶのである。都市部の学校ではそれは「学校の森」であったし、棚田に囲まれた山間部の学校では、たとえば「民話の聴き取り」からはじまる総合活動だった。その一点を大切にすることで、「私自身のものの見方が変われば、学校教育の方向性も方法も変わり、子どもも教師も地域も変わる体験を実証することができた」と山之内氏は語っている。

5　意志—感情—思考—直観のつながり／全人教育の志向

「やってみて、感じて、それから考える」という「学校の森」実践で共有されてきた合言葉は、シンプルだが意味深い。森づくりのような実践が、単なる「体験学習」、「はいまわる経験主義」に陥らないためには、それを教育目標に直結するカリキュラムの核心的な実践課題（＝総合活動）として位置づけつつ、その活動で得られる情意を思考や認識に結びつけていくプロセスを全体として見通せる必要がある。その点で、子どもの人格の全体性を身体―心―精神の三層で捉え、各層の発達と教科群の目標を「串刺し」にして有機的なつながりを明示した、山之内氏の教科カリキュラムの構成原理は重要である。

人格の全体性を、ボディ（身体）―マインド（知性）―スピリット（精神）や、手（ハンド）―心（ハート）―頭（ヘッド）、あるいは意志―感情―思考の三層で捉えながら、前者が後者の土台を形作っていくその有機的な連関を解明する理論は、精神科学的教育学をはじめ、近代教育学が常に探求してきた。そのなかにあって山之内氏のカリキュラム構成原理の特長は、「学ぶ喜び」を、身体の層における「できる喜び」、心（マインド）の層における「わかる喜び」、精神の層における「心を決める喜び」に分節し、そのそれぞれの喜びを生み出すことに各教科の課題を据えなおし、それらを学校教育の中心目標である「自己発見の喜び」に結びつけたところにある（山之

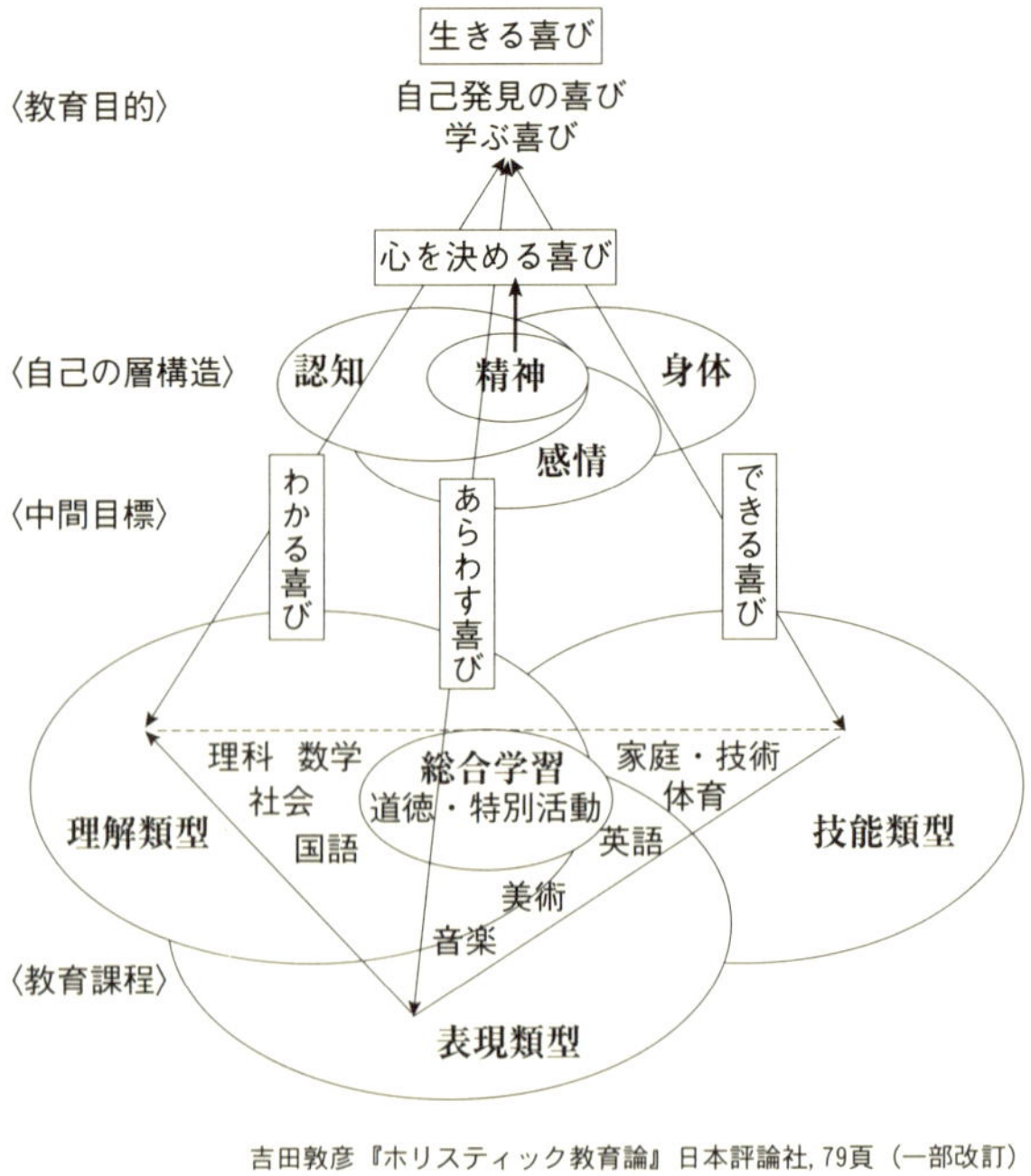

吉田敦彦『ホリスティック教育論』日本評論社, 79頁（一部改訂）

図1　三層一核のつながりによる教育課程の立体的構造

内２００１、本書23頁)。図1は、「表現」と「感情」の層を補足して、その立体的な構造を示したものである。

そこでは、前節で見たような総合学習を中核としたさまざまな教科の「つながり」と、子どもの全人的な人格層との「つながり」が、重層的多次元的な「学ぶ喜び」という一貫した教育目標によって貫かれ、つなぎ合わされる。このような教育課程の全体を見通しながら、多層的な「つながり」を生み出すことのできる教材が選びぬかれるわけである。そこに、「学校の森」という教材が、豊かな抜群の潜在力をもつものとして選ばれてくる。それが、子どもの内面から世界の全体性へ向けて幾重にもつながっていく「いのちのつながり」を内包しているからである。

「学校の森」の実践は、小学校段階だけにとどまらず、本書で紹介されるように、幼稚園から高校段階まで取り組まれている。人格の三層を子どもの成長段階という時系列によって有機的につなぎ合わせていく発達理論に、シュタイナーのカリキュラム理論がある。これを先のカリキュラム理論に重ね合わせてみるとき、それぞれの学校段階で特有の課題も浮き彫りになって興味深い。意志(身体)から感性の発達が中心課題となる小学校段階では、たとえば木々の気持ちになりきって森に感応して対話するアニミズム的な子どもの感性、つまり「いのちのつながり感」の育成に焦点が当たる。中学校から高校の段階にかけては、今ここで感応する「いのちのつながり感」を土台としつつも、さらに視野を長いスパンで未来へ向けて、持続可能な社会の建設のために必要な知見を得たり、遠い南の国で起こっている問題などグローバルな社会認識を得て、その世界認識の中での自己の生き方を考える自己認識に結びつけていくことができよう。このような発達の時間軸でみても、森の教材性は極めて豊かである。

子どもの部分だけをみて全体を見失うような現代の学力観。「木を見て森を見ない」という諺を想い起こそう。一本の「木」が、その背後にある土壌の微生物や訪れる虫鳥の織り成す「森」全体の営みにおいてはじめて存在すること。これを学びつつ、子どもたちは近視眼的ではない空間的にも時間的にも射程の広く長い想像力と思考力を身につけていく。このような視野は、教育の意味と課題を認識する大人たち自身に、まずもって必要なことだろう。「学校の森」の実践は、「木を見て森を見ない」ような要素還元主義的な短絡思考を戒め、「木を通して森を見る」ことのできるホリスティックな思考法を子どもも大人も身につけていくシンボリックな意味をも持つ実践だと言える。

「ホリスティック・ディベロップメント」、つまり全人的な個人の「発達」のプロセスと、持続可能で地球規模の視野をもった「開発」のための教育は、国連・ユネスコが21世紀の教育の最重要の課題として提唱しているものである。ユネスコはまた、「行動するための学びLearning to do」、「認識するための学びLearning to know」、「ともに生きるための学びLearning to live together」、「存在を深める学びLearning to be」という4つの学びを統合した学びを呼びかける（ユネスコ「21世紀教育国際委員会」１９９７）。以上のように見てくると、「学校の森」実践は、そのための実に有力なモデルの一つとなるものである。しかもそれは、これまで論及を先送りしてきた「存在を深める学びLearning to be」を支える垂直の深さ、つまり「ホーリネス（聖なるもの）」の次元をも内包しているのである。いよいよ次にそれを見ていこう。

6　自我と自己（スピリチュアリティ）とのつながり／臨床教育の志向

「学校の森」は、「全体性（ホールネス）」だけでなく、スピリチュアルな「聖なるもの（ホーリネス）」にもふれることのできる潜在力をもっている。「学校の森」実践が意味深いのは、以上にみた5つの「つながり」を育むことに尽きず、現代社会のなかで断ち切られがちな「自己」や「いのち」とのつながりを取り戻す「癒し（ヒーリング）」の場ともなる。そしてその「森」のもつ力の根源は、この列島に縄文の古来より培われてきた精神性《スピリチュアリティ》にまで遡及することができる。最後にこの次元のつながりをみて、その優れて「ホリスティックholistic>holos<whole, holy, heal」な意義を捉えたい。

「森のなかによく一人でいる子どもをみかけることがあります」と報告されている。そして、その姿を、「そこにいるだけで落ちつき、元気になり、癒されるようです」と見て取っている（本書117頁）。そのようなまなざしを向けることのできる先生にだから、ある子どもはたとえばこのように内心を打ち明ける。「勉強が嫌になったので森のなかにいたら、何だか勉強したくなってきたので教室へ戻ったんです」と。第部第2章の「森の中のメディテーション・ルーム――癒しの場」で語られているこの報告は、ことのほか大事なことだと思う。

「一人になることのできる時空」、「ただそこに居るためだけに、そこに居ることのできる場所」。このような居場所は、なかなか学校のなかにあるものではない。学校という意図的教育の機関においては、すべての時空が濃密な「教育的配慮」によって機能化され、隅々までコントロールされている。「森のなか」という居場所が、管理的な一望監視のまなざしから子どもを解放する。たとえば「保健室」が、その本来の機能を超えて、かろうじてそのような居場所になりうることが知られている。そこは、「教授―学習―評価」のまなざしから自由な場所。昨今であれば、「相談室（カウンセリング・ルーム）」。そこでは、「教育―指導―評価」とは異なるコミュニケーションを目的として、そのための専門家が待っている。それらが癒しの場所になりうることを否定しないが、しかしそこには、やはりある役割目的をもって待ち受けている誰かがいる。これらと比べて特筆すべきは、「森」には、誰もいないこと。森で待っているのは、「自然」である。つまり、何かの目的のために組織された機能的道具的な世界ではなく、「おのずから然り」の世界である。

何かのために存在するのではなく、それ自体のために存在する世界。有用であるから存在することに意味があるのではなく、ただ存在することそのものに意味がある。「学校の森」は、「学校」という前者の価値が支配的な世界のなかに、「森」が体現する後者の価値を導き入れようとするチャレンジである。人間に木材を供給するために、あるいは美的景観を提供するために作られたのではなく、その地域の自然がもし「ありのまま」に働いたならば形作るであろう自然植生を再現した「学校の森」。そのような「ありのまま」の姿を映し出す森の中だからこそ、子どももまた、ありのままでいられる。

「もっとこうであるべき」というまなざしに晒され続けて、子どもたちは疲弊している。期待に応えようとして自意識ばかりが肥大化し、外からのまなざしを内面化して自分を制御する「自我（エゴ）」ばかりが発達する。学校にいればいるほど自分を見失う。自らの内なるいのちの働き、その源たる「自己」の声が聴き取れなくなる。

森のなかに一人で入って土をさわり、木に話しかける子ども。「確かに森のなかにいると、高ぶった心は安らぎ、落ち着いてくるのです」。外から差し向けられるまなざしから解放されて、自分の心は自分のなかに落ち着いていき、見失われた自己とのつながりを取り戻す。「癒し」というのは、そのようにして自我と自己とのつながりを回復することに他ならない。それは、この教育の究極目標と言われてきた「自己発見の喜び」でもある。

「森」のなかで、しずかに自己の内なる声に耳を傾ける。そうして自己とのつながりを取り戻すとき、単に癒されているだけでなく、その根底で自己を越えたいのちに触れている。自らの心の奥底から垂直に沸き起こるいのちの力に触れて、ふたたび子どもはいきいきとした元気を取り戻す。そして、単なる個体の生命を超えたいのちのつながりに結びついていく。森のもつスピリチュアルな力。最後に、もう少しこの次元に踏み込んで、本章を締めくくりたい。

おわりに

太古からの呼び声に、人はどこかでそっと耳をすましている。／植物たちの声、森の声を私たちは聞くことができるだろうか。あらゆる自然にたましいを吹き込み、もう一度私たちの物語を取り戻すことはできるだろうか。（星野１９９６）

「学校の森」が育む、６つのつながりを見てきた。「森」は「いのちのつながり」の、この上なく豊かで具体的な表現である。今この列島の学校に森をつくろうとするとき、さらに言及しておきたいのはもうひとつ、私たちの文化のルーツとのつながりである。グローバル化する世界のなかで、文明の波に洗われて文化の土壌が急速に流れ去っていこうとしている。根を失って浮遊する私たちが、もう一度、文化を耕し、そこに根を張りなおすことができるかどうか。学校というシステムよりも本来、人間を形成し育んできたのは、そこに生まれ育つ文化の土壌、その豊穣な沃野だっただろう。平板に固められた硬いグラウンドを掘り起こし、そこに根を張ることのできるマウンドづくりに、私たちはもう一度取りかからなくてはならない。いま一度、太古の森からの呼び声に耳をすませて、私たち自身の物語を、もう一度語りはじめなくてはならない。

私事になるが、小さなストーリーを一つ。高野山など世界遺産に登録された多くの霊場を懐に抱えた紀伊山地の深い森。「役の行者」ゆかりの修験道のある葛城山のふもとで育ったため、高野山や吉野山も繰り返し遠足で訪れる場所だった。中学生のときには、夏休みに先生たちが男子生徒だけを募集して、女人禁制の霊山大峰に連れていってくれた。下界とは違う森の霊気は、そのときに意識できている以上に、身体が覚えている。だから、自分の精神的なルーツの探求に駆られた青年期には、自ら好んで、そこへ足を運んだ（縁あって、20代半ばにシュタイナーの人智学を学び始めたとき、高橋巌氏や鎌田東二氏や小杉英了氏とともに、天河弁財天社を宿泊地にして、吉野から熊野へ抜ける霊場めぐりの小さな旅をしたこともあった）。断ち切られ遠のいた「いのちのつながり感」を、自分なりに取り戻そうとしていたのだと思う。……家族を持つようになって、この森を子ども連れで歩いた今年の夏。トチノキの巨木（胸高直径６・77ｍ）に、家族４人が余裕で入れる大きな樹洞があった。シンと静まって木霊に満ちているような樹洞内部の気配に、小学生の二人の子どもは息を呑んでいた。次の日には、ずっと見たいと願っていた真性粘菌（ムラサキホコリ）の、胞子を飛散させる直前の子実体を目撃。南方熊楠が魅入られて研究したそれである（中沢１９９２）。いまも森の時空では、小さなものから大きなものまで、途方もないいのちの営みが繰り返されている。

南方熊楠は、明治政府の神社合祀政策によって伐採されていく鎮守の森を守る運動に体を張った（鶴見１９８１）。そして、川崎小学校の「学校の森」は、鎮守の森を持たない近隣の新興住宅地の人々の、いまや夏祭りの舞台となっていると言う。

「学校の森」をつくった佐川氏は、新潟を訪れた私を、そこが縄文土器のふるさとであることを記念するモニュメントに連れて行った。山之内氏は本書第3章の冒頭で、「ここは森だ！」という直観が、みずからの無意識の古層に点火して生じたことを語る。近代学校の只中に、固いグラウンドを耕して森をつくるという果敢なチャレンジは、そのエネルギーを太古の森の深みから汲み上げている。それは、人類の文明史的な射程をもった、この列島の文化、さらには国境を超えて連なる諸文化に通底するスピリチュアリティ[4]を再生する運動でもあったのである。

註

（1）この「学校の森」訪問の際の山之内氏へのインタヴューの記録（山之内＋吉田１９９３）には、とくに氏が現職中に同僚教職員とどのようなつながりを生み出しながら学校づくりに取り組まれたかも語られていて興味深い。

（2）トロント大学OISEで開催された第1回ホリスティック・ラーニング国際会議では、山之内氏自身が日本での「学校の森」づくりの発表を行い、また、『ENCOUNTER』誌（『Holistic Education Review』誌の後身）にもその紹介論文が掲載された（Yamanouchi, 2000）。

（3）この「ホリスティック・インサイト」は極めて興味深いものであり、「文化の〈いのち〉への洞察」として拙著において詳しく考察した（吉田１９９９：82-85）。

（4）たとえば中沢新一の一連の「対称性人類学」研究（中沢２００２ほか）は、これに人類史的な展望を与えてくれる。また、「鎮守の森」再生のＮＰＯ活動など「スピリチュアリティ」の次元を踏まえた広井良典による「持続可能な福祉社会」の構想（広井２００６）は、以上のような探求の領域横断的な連携の可能性を示唆するものである。

文献

鶴見和子（１９８１）『南方熊楠／地球志向の比較学』講談社

手塚郁恵（1991）『森と牧場のある学校』春秋社
中沢新一（1992）『森のバロック』せりか書房
中沢新一（2002）『人類最古の哲学（カイエ・ソバージュ1）』講談社
広井良典（2006）『持続可能な福祉社会』筑摩書房
星野道夫（1996）『森と氷河と鯨』世界文化社
ミラー、J.（1994）『ホリスティック教育／いのちのつながりを求めて』吉田・中川・手塚訳、春秋社
Miller,J.P.,（1996）The Holistic Curriculum: Revised and Expanded Edition, OISE press.
山之内義一郎＋吉田敦彦（1993）「（インタヴュー）森のある学校」『くらしと教育をつなぐWe』1993年7月号（4-11頁）
山之内義一郎（2001）『森をつくった校長』春秋社
Yamanouchi, G.,（2000）Holistic Practices in Japanese Education, ENCOUNTER Vol.13-No. 1.
山脇直司（2004）『公共哲学とは何か』筑摩書房
ユネスコ「21世紀教育国際委員会」（1997）『学習／秘められた宝』天城勲監訳、ぎょうせい
吉田敦彦（1999）『ホリスティック教育論／日本の動向と思想の地平』日本評論社
吉田敦彦＋永田佳之＋菊地栄治（2006）『持続可能な教育社会をつくる／環境・開発・スピリチュアリティ』せせらぎ出版

吉田　敦彦（よしだ　あつひこ）日本ホリスティック教育協会代表
1960年生まれ。大阪府立大学教員。主な著書に『ホリスティック教育論／日本の動向と思想の地平』『ブーバー対話論とホリスティック教育』共編著『日本のシュタイナー教育』『喜びはいじめを超える』ほか。

語りえぬものの記憶
——原生林保護運動の現場から

木村　理眞

森が人を救う

原生林に魅せられたのは、豪州の亜熱帯の密林で一晩過ごした、あの夜以来だ。夜ふけ、ふと目を覚ますと闇の向こうに背の高い樹々のシルエットが見える。一瞬、闇を裂いて、鳥が「キーッ」と鋭い鳴き声をあげる。異次元のような夜の森の深さが身体に入ってくる。翌朝、裸になって、沢をよじのぼり、滝に打たれる。「おかえり」と森の声を聞いたような気がした。その声を聞いて、あぁ、私はここから来たのか。この艶やかな、歓喜と静寂と尊厳に満ちた、このホール（全的）な場所から来たのだったか。私の生の源は、ここにあったのか……。

　後になって、この森は地元の環境派たちが逮捕者も出しながら身体を張って守り抜いた森なのだと、聞いた。今は国立公園になった森も、日本向け木材チップになるために、伐採されていたかもしれない。このとき「非暴力直接行動」でこの森を守った市民運動の重さを知った。

　以来、縁あって、私は海外の原生林保護運動にかかわってきた。世界の果てに残された非文明の砦、大型哺乳類も生息する原生林。この空間に総攻撃を加える産業社会と、先住民や環境派との間に、ここ何十年も攻防戦が続いている。日本は、伐採された海外原生林の主要な輸出先であり、ゆえ、私たち日本人は世界の原生林の消失に大きく関与してきた。伐採された森の9割近くが日本向けだという「豪州タスマニア島」には、私は何年か移り住むことにもなった。ここ数年は、カナダやアラスカの温帯原生雨林の保護にNGOキャンペー

森の中のデモに参加するタスマニアの市民
www.treesnotgunns.org/gallery/

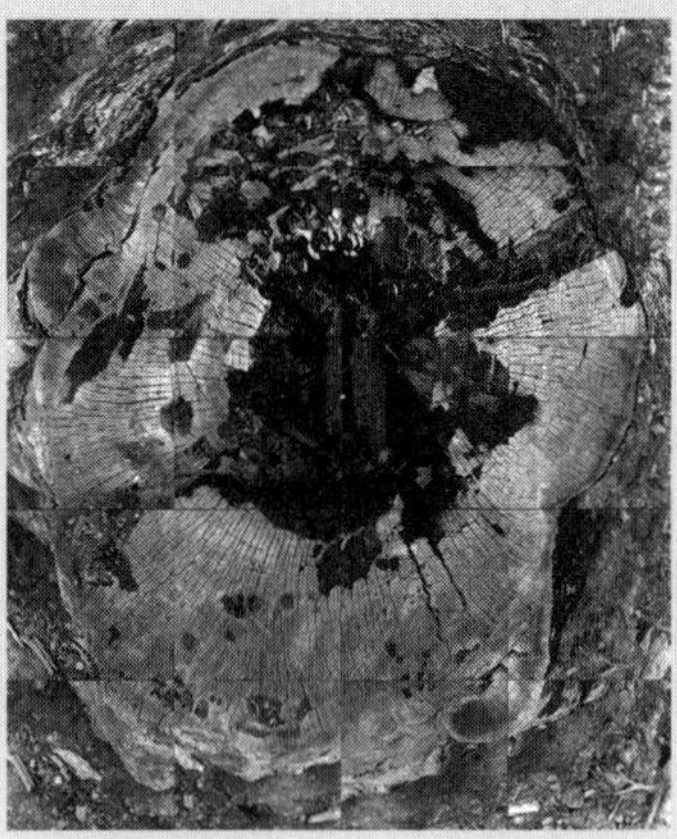

樹齢400年のユーカリの切り株（タスマニア）写真／平野正樹

ナーとしてかかわってきた。北米林産物の顧客である日本企業に対して、原生林破壊のインパクトを少しでも緩和できるように、CSR（企業の社会的責任）の見地から協力を要請することを仕事としている。また、日本企業に協力要請に来た先住民の代表を日本の学校に連れて行き、子どもたちにメッセージを届けることもある。

世界の原生林は、8000年前と比べ、8割を失ったと報告されている。世界では、毎年、日本の国土面積の3分の1にあたる、1250万haの天然林が減少し続けている。タスマニアの場合は、1日にサッカー競技場44個分の天然林が皆伐され、さらにそのうえ、上空からナパーム弾を散布し、森を燃やし、劇薬を撒いて小動物を殺傷する。この蛮行はいまだに止まない。これがマザー・アースへのレイプでなくて、なんであろう。こうして、気がつくと、森や滝は洞窟はなくなって、私たちが日本で浪費する紙になっている。

野生—空—性

タスマニアの原野を彷徨しながら、思っていた。原生林や野生は、人間の「意図」や「マインド」とは無縁の空間。人間の思考を打ち砕いてくれる場所だ、と。思考の域の向こうにある、名づけがたいものの存在に訪れる者を誘っているかのようだ、と。「野生」のもう一つの名は、「空《くう》」とも言えるのではないか。私は、自分の感情や思考を観察する行（ハコミ・セラピー）を日頃心がけているが、その中で、ときに、人間存在の中心を貫く「不動の真空の意識」（と感じられるようなもの）に出くわすことがある。その「真空」（のようなもの）を目の前にすると、私の体に宿る、手つかずの原生林の姿が同時に内から湧いてくる。あぁ、こうつながっていたのか、と思うのだ。「私」という内面世界の曼荼羅を凝視しようとする視線が、やがて「真空」にも通じ、それが「野生」の曼荼羅と重なり合うのか、と。「性」もまた、私たちをつながりの諸相のただ中に連れ戻す。結び目の一点として、今ここで、交差する、私たちの呼吸、まなざし、からだ。私たちは、結び合うからだの内外に、大地のとどろきや海のうねりや、地球のはてから吹きつけてくる風を、見聴きする。

タスマニアの等身大の切り株写真の上に座る中学生
写真／平野正樹

先住民のリーダーたちとも、森の運動の中で私たちは出会ってきた。彼らのまなざしや、物腰や、声の響きに、森のいのちの陰影を見る思いでいる。いのちの重なり合いを宿しているからだ、ハート、思考、コミュニケーション——それらがどんな味わいなのか。私の中にもある、洞窟で暮らしていた頃の、いにしえの記憶が、彼らのまなざしにふれることで、よみがえるかのように思うのだ。森のいのちの重なり合いを感じとってきた心は、深い静かな心にちがいない。そうした心は、自分の感情やほかのいのちの嘆きや歓びや絶望をも隔てなく受け止められる心でもあろう。人が自分の心に恐れずに分けいって行くとき、その深みには、原生林の記憶も宿るだろう。

「原生林は、霊性と性が一つになる場所。この神聖な場所は人間の存亡の鍵を握っている。死守しなければ」。そんな衝動に押し出されて、保護運動にたずさわって十余年。ところが、あらためて、その直感を言葉にしようとすると、いまだに、語り始める前に、字数制限も締め切りもとうに過ぎて、月の満ち欠けばかりがめぐっていく。

木村　理眞（きむら　りま）
国際環境NGOや環境・国際理解教育に従事。高校教員、共同通信社を経て、北米先住民提唱の「セイクレッド・ラン」に参加、世界各地を走る。女、大地、先住民等をテーマにオーガナイズや通・翻訳、執筆にあたる。

第3章
「いのち」を持ち成長する「学校の森」という思想

山之内　義一郎

1　「ここは森だ！」という全体直観

「学校の森」は、まだ校舎のない更地に立って、「ここは森が必要だ！」と直観したことにはじまる。私が直感したその学校とは、長岡市の中心街にある川崎小学校である。１９８６年に転任して間もない頃、改築中の校舎跡地にできた広い更地に立って、その使途をめぐってこれからの学校経営を模索していた、そのときである。「ここは森だ！」と閃いたのだった。

今思えば、それは、幼少の頃に夢中になって遊びほうけていた私の体験が、再現されたともいえるものである。更地の広場を子どもたちの身になってイメージしていたとき、自然の中で夢中に遊んだ昔の私と、目の前の子どもたちとが重なり合って「森づくり」の閃きが生まれたのだった。

もし、校庭の隅に自然の森をつくることができれば、子どもたちがその中で自由に遊べる楽しい学校になるに違いない。それによって、これまでの学校よりももっと積極的に子どもたちを中心にした教育を行えるに違いない、そんな思いに支えられた具体的な構想が次々に湧いた。学校に森をつくるという「学校の森」づくりにみんながかかわるだけで、ごく自然に学校の改革が進められるに違いない、そんな確信が心にひろがった。

「学校の森」づくりは、単に学校に「森」をつくるというごくシンプルなものでありながら、これまでの実践ではなかなかでき難い「全人格の形成」の教育に、たやすく取り組めるに違いない。もしかするとそれをも超えて、これまでにないような地球との「つながり」を深めるグローバルな教育にまで発展するかもしれないとも感じた。そうしたさまざまな「つながり」を瞬時に見通すことができる働き、それを「全体直観」とよぶことにした。

では、「学校の森」という「全体直観」は、なぜ生まれたのだろうか。

最大の理由は、苦しい状況下での思索が、無意識に蓄積された過去の体験と接触し、直観として結晶化したことであると思われる。当時私は、川崎小学校を前にして次のような思いをめぐらせていた。

着任した市街地の川崎小学校の子どもたちを目の前にして、その学校の経営を考えたとき、都市化しているほとんどの学校のように自然とふれあうことができない環境に悩んでいた。また、その地域社会は、多くのマンションをはじめ企業・官庁の建築や社宅などに占められていて、住民と学校とのかかわりは子どもの就学期間中に限られ、人々と学校とは断絶している環境になっていた。そうした都市の住民意識は、どこも同じように、行政への依存心が強いが、いったん何かの利害関係が生じると、学校に対してすぐ非難を向ける傾向が見られるなど、山間の小さなコミュニティーにある学校と住民のような一体感は見られなかった。

学校への信頼感、「つながり感」が弱く、相互にはバラバラな関係になっていることなど、住民意識と学校の間に大きな問題のあることを私は痛感していた。他方、学校では子どもたちの学力向上と非行防止を目標にした厚い囲みのなかで教育活動がおこなわれ、住民との自由な交流を避けてきたこともあって、閉ざされた学校環境を作っていた。そうした環境にある学校経営をどのように進めたらよいのか、私の問題意識は混迷を深めるばかりで、その克服を目指した経営を模索していた。また私は時間をみてはしばしば更地に立って、そこにある「学校の風景」を凝視し続けた。そのときである、これまでほとんど意識されることもなく忘れ去られていた私の幼少時代の体験がふっと浮かんだ。夢中になって遊んだ喜びの日々の体験でもあり、理屈では説明できない快い気持ちになって、突如、「ここは森だ！」という感じが閃いたのだ。問題意識が、無意識と接触して点火したのだった。

この過程は仏教における深層心理学である唯識《ゆいしき》の心理学（岡野1998）が説くことにそっくりであった。人間存在の根底には、アーラヤ識という意識の流れがあり、経験を構成し、植物の種のようにすべての現象の発生となる種子《しゅうじ》というものがあると考えられている。私の幼少時の夢中になった遊びの体験がアーラヤ識で薫習《くんじゅう》し、その種子が私の強い問題意識に触発されて、「学校の森」という全体直観となったと考えられる。

ところが「学校の森」づくりという構想は、一般に考えられている学校教育とはとても大きな隔たりがあって、これまでほとんど学校教育では取り上げられて来なかったし、その必要性は監督官庁である文部科学省（当時の文部省）も認識していなかったことから、理解されにくかったようである。最近、学習指導要領で取り上げられている総合学習でも、特定学年の1単位の学習でしか「森」の問題などを考えてない状況である。その根本的な問題点は、「森」のはたらきについての認識がほとんどないに等しいことである。「森」は「モノ」として認識されても「いのち」としては認識されていないことが根源的な問題なのである。

1994年4月、ホリスティック教育を唱導するJ・ミラー博士は、『森と牧場のある学校』（手塚1991）の紹介で長岡市の「川崎の森」を見学された。小さな「学校の森」を凝視していた彼は、そこから「地球とのつながり（Earth Connections）」を全体直観され、「『学校の森』は日本のホリスティック教育だ！」と即断された。まさに「学校の森」はあらゆる「いのち」と「つながり」あい、地球の「いのち」ともつながっていることをミラー博士は全体直観されたのだ。私は強い共感と深い喜びを感じた。

また、「ホリスティック教育」について適切な日本語訳がないことに注目された黒田正典博士は、「全体感の教育」と訳され、場合によって「全体観」ともいうと付言している（黒田2004）。全体直観をも含む用語として納得できる訳語と思った。私もまた「全体直観」について私の真意を伝えたいと考えて、日本的な「全体的な洞察《どうさつ》」の意味を込めて「ホリスティック・インサイト」ともよんだことがある。

これらのことを勘案してみると、「学校の森」の「全体直観」とはまさにホリスティックな見方そのものである。

2　全体直観と内省といのちのつながり感

前述したように「学校の森」という全体直観は、現実の学校経営の苦悩に満ちた私の問題意識が無意識の世界に沈澱している幼少時からのさまざまな体験を触発して、「学校の森」づくりの観念を甦らせたように思うが、それではなぜ、心の奥にあることが突然、直観されるようになるのだろうか。私の体験から理解できるのは、五感によって「知る」という意識と、普通は意識していないが長い体験が積み重なって無意識の世界に沈澱しているものとの間で、互いに交流しあうことができるようになっているためと思われる。それができるかできないかが、「学校の森」に気づくことになるかならないかの別れ道なのかもしれない。意識と無意識の交流はいかにして可能になるのだろうか。

唯識《ゆいしき》の心理学で説くような、意識と無意識との交流ができるようにする訓練（修行）によって、誰にでもできるようになるのではないかと思われる。それは次に述べる「内省」がきっかけになっている。

私たちのように教育実践を続けている者は、子どもに一方的に教えるだけでは身につけさせることがなかなか難しいことはよく承知し、さまざまな試みをしてきているが、その際に重要なのが「内省」である。私は実践の後には必ずと言っていいほど「内省」することを習慣化して、実践の過程をふり返ることをしている。またそれによって失敗したことや新たな方法に気づいて、少しずつ実践力がついてきたことを経験している。これは一般的に言う、自分のしたことをふり返ってみる「反省」に似ているが、「内省」は自分のやったことをもっと深く探ってみることである。それも一度だけでなく、時間が経ってもくり返して自分のやってきたこと、実践、決断したことを内省し続ける、というように飽くことなく深く探ることだと考えている。さらに必要なことは、内省について文字化することである。もちろん、先人の智恵や学問の成果などを聞いたり、書物を読んだりすること、座禅《ざぜん》・瞑想《めいそう》などの体験を重ねることが、さらに「内省」を深めることも事実である。また、J・ミラー博士も教師養成に瞑想をとり入れて、内省に役立てている。

そうした「内省」のくり返しによって、無意識の深層に沈澱し蓄積しているさまざまな人生体験と、当面する問題の解決への強い問題意識とがつながり、相互に交流するようになると思われる。またそのことによってしだいに、子どもの心や親の気持ち、地域社会の考え方などを広く、深く理解できるようになる。そうしたことをくり返していると、教師はいろいろな地域社会に勤務が変わる場合でも、それぞれの地域社会の捉え方やその学校の教育の方向性、子どもの理解、学びなどについての広い意味を見いだすことができる。それは単に目に見える表面的で現象的な理解だけでなく、その背景の自然や産業、歴史、文化などの目に見えないものとつながり、一つの全体として重層的に見えてくるものである。それによってわれわれは学校教育の全体のあるべき方向性とともに、地域社会を含んだ学校そのものの現実を丸ごと理解できると考える。

全体直観という体験は、そうした「いのちのつながり」という全体的な理解を深めていく働きを持っていると考えられるが、それはまた私たちがこれまで身につけていた常識を、逆転するような見方や考え方に変えてしまうことにもなるのである。いわゆるパラダイムの転換とか、「悟り」と言われるものである。

先に森を「いのち」と見る考えを述べたが、人もまた丸ごと一つの「いのち」である。そしてまた、人の身体も心もさらに深い精神（魂）も一つにつながっていて、その人の人格を作りあげている。このように人の「いのち」もすべて「つながり」あって生きている。まさに「学校の森」からは、森と人の「いのち」が「つながり」あっていて「一つである」ことが理解できるのである。それによって人と森との関係も学校教育の意味も、さらにより深くそしてより広く理解されるのである。

さらに、「いのち」の「つながり」は単に生物的な人間や動植物だけでなく、無生物をも含むので、「いのち」の「つながり感」は、目に見えない世界をも感得するのである。そのことは森の中で遊ぶ幼少体験で確かめられることである。

私たちの人生体験は、幼少時から今日まで実に数多いものだが、そのほとんどは忘却のかなたにあって、普通の生活では思い出すこともできないし、あるいは思い出そうともしないものである。その中で全体直観は、突如、無意識に沈澱している幼少からの人生体験が甦ってくる体験である。それはまさに森と人の「いのち」は「つながり」あっていて一つだというのである。その「つながり」の感じや想いの中には、教科の学習や地域社会のことなど、学校教育のすべてが一つにつながっていると思えるのである。私たちは、それを「いのち」の「つながり感」と呼ぶことにしたい。

「いのち」の「つながり感」こそ「学校の森」づくりの最も重要な働きだ、と考えたい。

3　高度で多様な森の豊穣さ

「学校に森をつくろう！」と私が言い続けるのはなぜか。

「森」は計り知れないほど「高度で多様な機能」を持っていて、その機能はとても言葉では言い尽くせないほど豊穣である、と気づいたからである。それを学校教育に生かさない手はないと言うのが大きな理由である。

ふり返ってみれば、遠く縄文の時代から人々は「豊かな森とともに生き、森に学び、森を活かした」生活を営んでいたことは、考古学やその後の発掘調査によって明らかになっている。

今、私たちが目を見はるような縄文文化も、縄文時代の人たちが森のなかの生活を通して水と森との深いつながり、食物の獲得、住居、日用道具、工芸品の創造、さらには心身の健康の維持など生活万般に森を活かした文化を創ってきた結果である。また今日の、物品・物質のリサイクルといった循環思想もすでに縄文の人々によって編み出されている。そうしたすばらしい縄文文化の歴史が物語っているように、私たちも改めて人間と自然・森とのふれあいのもつ多元的価値を考え直してみる必要がある。

今も人里離れた山間で大樹の群がある麓に、尽きることのない泉が湧き出ているところを目にすることができる。そこには小さな祠《ほこら》があり、「杜々《とど》の森」（旧栃尾市）と称して今も美味しい水として珍重されている。先人たちが彼らの生活のために森を守り続けてきた証しである。このように古代の人々は、「森」に対して畏敬の念を持ち「カミ」として祈りを捧げてきた。森を「カミ」とあがめ尊ぶという古代からの日本人の八百万神《やおよろずのかみ》信仰は、いまも私たちの正月行事として続いていると見ることができる。日本人にとって「森」は、古代から人間としての生き方や人格形成にとって真の師であるにとどまらず「神」として仰がれたことはもっともなことである。

私自身の幼少時代における正月体験の一端をふり返ってみよう。生まれた昭和初期は今日のようなＴＶなど娯楽らしいものがないこともあって、正月行事をはじめお盆やお祭などの年中行事は子どもにとってことのほか楽しくて、その日が近づくととても待ち遠しかった。

正月行事の体験と言えば、年末の新潟はすでに雪のなか、雪とともに正月を迎える準備で忙しくざわめき始める家の中、子どもにとってそれが楽しいことだった。歳暮に届けられた松の枝木は山で切ってきたばかりでまだ雪がついていた。それが届くと「正月様がやって来た！」とうれしくなるのだった。家や倉庫の出入り口、井戸、かまど、便所にまで松飾りをして、一年に一度しか食べられないご馳走をつくって「正月様」を迎える。家族は新年にあたって八百万の神々に一家の健康と生産と安全を祈った。こうして幼少の頃から松飾りをはじめ、さまざまな習わしに参加する正月行事を通して、目に見えない「カミ」に対する畏敬の念が心の奥深く培われてきたように思う。

とくに初詣ではその感を深くする。元日のまだ夜の明けきらない早朝、親との初詣でがまた楽しみだった。前夜からの積雪で埋まった道の雪かきの仕事から始まる。神社まで1km近くの道は人影もまばら、参道の雪道はやっと一人通れるほどの一本道。すっぽりオーバーを被った人で顔は見えないが、行き交う人たちに新年の挨拶を交わしあって通りすがる気持ちよさ！　ようやく神前で手を合わせて拝む。辺りは鎮守の森の薄暗さも雪のあかりで薄ぼんやり浮かぶ社の景色、ちらつく冷たい雪が頬にふれる、凛とした空気で身も心も清められる実感を味わう……。

幼少時代の正月行事の一端を見たが、白い雪と寒さ、松を迎える喜び、松飾りして祈る行事への参加、雪道を歩いて鎮守の森へ向かう凛とした心と身体、そうした体験は喜びとともに心深く沈澱し蓄積された「いのち」の「つながり感」を培ってきたように思われる。

正月行事のほかお盆行事やお祭などの諸行事に幼少の頃から体験を重ねてくると、「カミ」や先祖の「霊」のような目に見えない「いのち」の「つながり感」を培われるように思われる。「すべてのものは一つにつながっている」という東洋思想の「一如観《いちにょかん》」――心身一如、身土不二、医食同源、知行合一など――は、こうした日常的生活体験のなかで身についてきているのであろう。子どもたちが「学校の森」で気づく「いのち」の「つながり感」には、そうした背景があると思う。

話を現代に戻してみると、端的に言って人々は「森のいのち」を断ち切った生活になっていると言えよう。とくに高度に進んだ文明を享受する都市化、超都市化の現象は、人々の生活と森とのつながりを完全に切断している方向に進んでいるとしか言いようがない。そのような都市環境で人格形成を目的とする学校教育は、都市化の進行に比例して人格形成の困難性が増しているように思える。都市化の根本的な背景に、自然を手段化してきた人間中心の思想が根底にあることを考えると、このまま都市化を進行させることは、将来を担う青少年の育成にとって由々しい教育環境と考えるのは私だけだろうか。

それらの兆候ともとれる、学校教育をめぐる青少年の問題行動の多発は目に余るものがあり、救いようのないような状況が今もなお依然として続いている。今日のこうした状況を招いた問題と「学校の森」との関係については、最後の6節で述べたい。

長い間、子どもの健全な成長をねがって、学校教育に携わってきて気づくことは、明治5年に義務教育制度が始まって以来、一貫して欧米先進国に追いつき追い越すための知識、技術を伝達する教育で、人格の一部分の成長に役立っても全人的発達からはズレている。にもかかわらず、今日もなお伝達中心の教育は継続され、徹底されている。「学力向上」の名のもとに「つながり」のないバラバラな大量の知識の記憶競争を強いる方向に向き続けている、と言えよう。

その遠因を考えると、義務教育をはじめた明治初期の4年制、次いですぐに6年制に変わり、戦後の教育改革まで6年制が定着していた。その後、高度な科学技術の進歩と経済の高度成長にともなって義務教育年齢がさらに3年延長された。それとともに教育内容の高度化が図られ、増加した知識量を一方的に伝達する教育に拍車がかけられることになった。「学ぶ喜び」を目指す目標とは逆行した、いわゆる「人格」を手段化する教育を進めるなかでは、教師も子どもも、「自己発見の生きがい」と「喜び」のない、多忙感だけが残る日々になっていると思われる。もはや人間形成は建て前であって、ひたすら増大するバラバラな知識量の教え込みに徹している教育であるとすら思われる。

高度で増大する大量の知識を一方的に伝達するのは、精神的にも異常な状態を招きかねないのは容易に理解できよう。批判を恐れないで言えば、人格を手段化する教育思想こそ終わりなき問題行動多発の最大の原因であると考えられる。

それだけに学校教育について、改めて学ぶ主体である子どもの側に立って根本的に見直し、人格形成を目的とする本来の学校教育のあり方を探る大切な時期であると考える。

その課題解決の方向性は、人格形成に深くかかわる「森・自然」の多元的価値を生かした「学校の森」づくりを通して、「自己発見の喜び」を目指す学校経営の方向を探ることにあるといえよう。

つぎに、なぜ「学校には森づくりが必要なのか」について、さらに日々の教育実践の過程で気づいたいくつかの課題を述べよう。

4　「学ぶ喜び」の総合的体験／指導と学びの「はざま」

私は長い教育実践を体験してきたが、どうしても子どもたちが生き生きと学んでくれない悩みが尽きなかった。それは教師が子どもたちを指導するという一方的な姿勢があるためなのだろうか、とふと気づくことがある。それではそれに代わるものはあるのかと言うとなかなか見い出せない。多くの教育書では、「教育とは子どもの『学び』を援助することで、教師の側に立って『指導』するのでは子どもは生き生きしない」と言われる。確かに理論としてはそのとおりである。しかし、学校教育はこれまで教師が教科書を媒介にして子どもたちに教科の内容を伝達することを基本にしているので、教師はどうしても子どもたちに教え込もうとしてしまいやすい。子どもたちが個々の教科を「学ぶ」場合に、初めて出会う教科内容はどうしても教師が教えてやらねばわからないという思いがあり、子どもの側に立って「学び」を支援するのはなかなか難しい技である。

しかし、ほんとうに教科内容のすべてを教え込まなければならないものだろうか、とよく反省したりして指導法を考えなおすことがあった。教科の性格上、教え込まなければならない教科もあれば、教え込むというよりは子ども自身で考え出したり、子ども自身が気づいたりする教科もあろう。そのやり方で子どもたちは生き生きと学習することを体験した。しかし、そうした単なる指導技術の工夫だけではたして解決できる問題だろうか、どうもそうではなさそうに思った。

今日の学校においては教科等の数は10ちかくもあり、それぞれの教科指導について、子どもが主体的に「学ぶ」ような指導技術をいくら強調してみても、ほんとうに子どもの身につけさせるのは教師にとって容易なことでない。それだけに子どもの側に立った「学び」を大切にした教科指導はきわめて難しい。むしろ教科指導の不毛がその根本問題のように思われる。

ところで、そうした指導観を堅持してきた私が初めて学校経営に携わってみると、「学校を経営するとはどういうことか」にずいぶん苦悩することになった。学校経営では、分化、専門化したバラバラな教科をそのままにして、「どうしたらうまく教えられるか」を中心に考えていってもうまくいかないことに気づいた。そうではなく、子どもたちの「学ぶ」教科群は、彼らの人格形成に一体どのような役割をはたすのかを考えるのが最初なのだ、と気づいたのである。これこそが学校経営の最も大切なことであった。つまり、「はじめに教育目標ありき」というごく初歩的なことをおろそかにしていたことが、学校経営の最も基本的な問題だったのである。

学校経営にとって必要なのは、はじめに「教科の指導技術」を身につけることに専念するのではなく、それをも超えて子どもたち自身が「学ぶ」ということは一体どういうことなのか、を考えるのが大切なのである。つまり教育目標とそれに直結する教科の指導のあり方をどうすればよいのかについて、飽くなき探究が最も重要である。

ではどうすればよいのか。これまで学校経営の関心は、教師に対しての個々の教科の指導法に腐心してきたが、そうではなく、まず、教育目標に直結する生きた実践課題にどう取りくむか、という総合的な体験活動をどうするかが中心の課題であって、その体験と深く「つながり」あっている教科の指導をも含めて学校教育の全体を、総合的に考えていくことが大切なのである。つまり「学校の森」づくりは、まさに生きた実践課題であり、その体験と深くつながる教科指導を含めた全体を学校経営の中心に据える必要がある。

自然の森のもつ機能はとても多様であり高度である。その一つの教材である森は、国語をはじめ理科、社会科などすべての教科のすぐれた教材になる。また他方で、子どもたちは四季を通じて夢中で森とふれあう体験活動によって「自己発見の喜び」を感得できる。それによって森の「いのち」の「つながり感」を育み、「森」の教材性に対してより積極的な関心と興味を持つようになるのである。

繰り返すが、四季の移ろいの生き生きした「学校の森」の総合的体験は、一方で教科の豊かな教材内容を提供するとともに、他方でそれをも超えた現実の生きた生々しい実践課題を提供する。言い換えると、子どもたちはそれらに夢中に取り組むとともに、グローバルな課題の発展ともなる「つながり感」を育む「学ぶ喜び」の総合的体験をするのである。

5 「自己発見の喜び」／「学び」の原点

学校教育の目標は何か、と問われれば「学ぶことは喜びです」と答えるであろう。なぜなら、子どもが自分で自分の学ぶ対象を見いだし、「これはできるぞ！」という気持ちになって夢中になる喜び、その喜びの感得こそが「学び」の本質だからである。つまり、「自己発見の喜び」の体験を味わうことが教育の目標なのである。

ところで、子どもたちははたして「学ぶことは喜びです」という実感を持っているだろうか。私の長い実践体験をふり返ってみても、そこまでもってゆくのはなかなか至難の技としか言いようがない。その理由を考えると、学校教育の現状は、限られた特定の教科――国語、算数・数学、英語を中心に理科、社会科――ごとのバラバラな教科の「記憶学力」の競争を目指していて、教師や子どもの自由が極度に抑制され軽視されているからである。子どもにも教師にも自由な発想を働かせる余地がない。

そうした実態を直視すると、その改革のためには学校教育の過程に「自己発見の喜び」を感得できる「場」や「方法」をできるだけ多くすることが大切だと痛感される。学校の校地内に「自然の森」をつくり、子どもがその中に自由に出入りできるようになれば、その場所こそ束縛の少ない自由な空間になろう。そして、子どもは森の中で自由にふれあいながら自分自身を癒したり、新しい発見や気づきを体験したりでき、森の中はまさに子どもにとって快い居場所になる。同時に自己発見――自分はこれができるんだという発見――の喜びが感得できる「学び」の場でもあり、元気の出る場所にもなる、時空を超えた「小宇宙」ともいえるスペースになるのである。

子どもが自然の森との日常的なふれあいで感得する「自己発見の喜び」の体験を、バラバラな教科の学習にも活かせるなら、教科の学びにも子どもは主体的に取りくみ、「学ぶ喜び」を発展的にしかも継続的に進めることができるのである。

これらのことを根本的に見直すために視点を変えて、私たちがよく目にする乳幼児の行動を見てみよう。子どもは、見なれない物を見ると、必ずつかもうとしたり、壁があると、手でたたいたりする。トンネルの中を通ると、声を出して反響を確かめたり、何でも物の臭いをかいだり、冷たい、熱い、痛いなどを体験的に調べる。一般に乳幼児の行動は感覚のままあるいは本能のままに行動する未発達な現象と捉えられ、親や大人たちは危険を心配して行動を強く制限したり抑制したりする。しかし、よく考えてみると、成人の心配の是非は別にして、乳幼児たちは、素朴な五感によってその子らしい生き生きとしたしぐさを見せているのである。それに対して私たちは感動することすらある。これはまさに乳幼児にとっての自己発見であり、その喜びが積極的な行動をよび起こすことを示している。

次に「学校の森」の全体直観の背景にあった、私の幼少時における「自己発見の喜び」の体験をふり返ってみよう。幼少時と言っても１９３０年生まれだから戦中《せんちゅう》である。個人的な特殊な体験だが当時の小学校生活の象徴的な一面でもある。小学校の6年間に担任は実に10人を数えた。徴兵《ちょうへい》によって教師養成機関出身のベテランの教師が不足していて、ほとんど中学校・女学校（旧制4〜5年制、今日の高校1〜2年生）を卒業したばかりか、1年ぐらい経験した「代用教員」の先生たちで、もっぱら教師中心の伝達教育・教え込みの典型的なものだった。低学年、中学年時代は1年間に2人もの担任だったこともあってか「文字が読めない、書けない、計算ができない子ども」がいた。子どもたちは親からも「先生のお話はよく聞くように」と注意されてはいたが、私たち子どもにとっては遊びこそが楽しみであり、夢中だったので、学校の学習には関心が向けられなかった。今日のような学力の向上の声などはおよびもつかないものだったが、みんなは戦後の厳しい生活にもめげずに心身ともに健全な生活を送ることができた。それも学校が楽しく、風邪で休むほかは全員、友だちと遊ぶことに夢中で過ごしたからであろう。休み時間の楽しさはいつの時代も同じだが、当時は宿題があるわけでもなく、帰宅するとカバンを置き、友だちと夕方まで遊びほうける生活だった。叱られるのは家の手伝いをしないで遊んでいることだけだった。とくに楽しかったことは、友だちと戸外で夢中になって遊び、尽きることのない遊びを創り出す喜びであった。まさに子どもならではの自由な遊びの世界である。川底にある石の下に隠れている魚を手掴みで捕ったときの「ぬるっ」とした感触はまさに快感であり、成功の喜びと興奮の瞬間である。それを思うと、遠い昔の出来事もつい昨日のことのようにワクワクした気持ちになるのだ。

川の流れで川底に魚の隠れ場を探す鋭い勘《かん》の持ち主の友人は、遊びの名人ならではの能力を持っていて、どんな大人よりも上手だった。田畑のイナゴ捕りや桑いちご採り、春夏秋冬の山野の遊びも、そこに生える草木が活かされ、さまざまな自然の恵みを日常生活に活かす大きな楽しみになっていた。そうした体験はまさに喜びであり、充実感に満ちた「自己発見の喜び」の日々であった。

6　豊かな「自然と学び」は一つ

子どもが自由に自然の恵みを生かす体験のできるのは、山間にある豊かな自然環境の里があるからであろう。しかし都市近郊も当時は田畑があり自然環境も豊かで、子どもの自由な遊び場になっていた。今日のように農薬、化学肥料の散布が行われていないので、秋の田圃はイナゴ捕りやチャンバラごっこの格好の遊び場になり、田に水を引く小川（用水路）には年間をとおして魚介類やそこに生える草本類も多く、すべてが新鮮な食用になっていた。子どもたちはそれらを捕まえたり採ったりすることが楽しくて、それを家に持ち帰って喜ばれるのも大きな楽しみであった。そうした生き生きした喜びの体験も、友だちと遊びながら身につけたものである。まさに「豊かな自然と豊かな学びは一つ」であり、自然と学びに深い「つながり」のあることを改めて認識できるのである。

子どもが「自己発見の喜び」を感得できる条件は、一つには自由に遊べる野山や河川の豊かな自然があること。そしてもう一つには、子どもを自由に田畑や用水路、河川、野山へ出入りさせる地域社会があることである。それらが子どもの成長にとって不可欠であることを、かつての地域社会の人々は暗黙のうちに認めていたのであろう。

かつて自由に遊ぶことができた自然環境も、高度経済成長にともなって都市化が進行し、人工的な環境になるとともに危険を孕み禁止や制限つきの環境に変貌してしまった。そうした都市化への一方的な進行は、成人社会の能率、便利、快適という自己中心の思想と経済中心の社会優先の考えが第一になっていて、未来を託す子どもの成長を優先する自然環境を考えていない。こうした流れは、今日における子どもの問題行動多発の背景になっているだけでなく、それをも超えて人類、地球自体の将来までも危うくすることにもつながることは容易に理解できよう。もはや子どもの成長を促進する環境とは逆行していると考えざるを得ない都市環境になっている。

改めて思うことは、豊かな自然環境は子どもの「自己発見の喜び」体験を促進するとともに、子どもの成長の基盤であるということである。まさに自然環境が激減している地域社会や学校環境にとって、「学校の森」づくりの推進は、子どもが日常的に自然とのふれあいを体験できる不可欠な場所になるだけでなく、非都市の環境においても子どもの「学び」を積極的に推進できる最も基本的なベースになるものだと私は考える。

「学校の森」をつくるということは、とてもシンプルな活動だが、森と人との「いのちのつながり感」を育てる教育として、学校教育を超えたグローバルな地球環境問題をも包含した問題意識の喚起につながることが期待できるのである。

文献

岡野守也（1998）『唯識のすすめ』ＮＨＫ出版協会
黒田正典（2004）『蘇れ！　日本の教育』博進堂
手塚郁恵（1991）『森と牧場のある学校／山之内義一郎先生の実践』春秋社

ある修験の体験から

中川　吉晴

日本で生きてきた人たちと森との関係は深い。ドイツにおいて森が哲学を醸成する場であったのと同様に、日本でも森をとおして思索を深めた人たちがいる。たとえば南方熊楠は紀州の森にわけいって深遠な自然哲学を練り上げている。中沢新一氏が熊楠について書いた『森のバロック』（1992、せりか書房）は、森が育んだ日本のホリスティック思想を見事に描きだした一書である。

森はさらに人間の精神性の向上にとっても不可欠な場であった。日本には独自の発達をとげた山岳信仰や修験道の伝統がある。このコラムでは、私自身が体験した修験道について紹介をしたい。私はあるグループに同行して、出羽三山（湯殿山、月山、羽黒山）で3日間の修験の体験をした。1993年に羽黒修験は女人禁制を解き、女性が初めて修行に参加できるようになったが、このときはその直後にあたり、多くの女性が参加していた。

修験の世界では、山や森は女性原理そのものであり、峰入りは母なる胎内への回帰を意味し、自然の深い懐のなかで、修行者は死と再生を体験する。私たちの場合は期間も短く、初心者にもなじみやすい内容だったので、そのような劇的な変容が用意されていたわけではないが、その体験は十分に強烈なものであった。

私たちは最初に湯殿山で滝行をし、翌日、月山に登り、山頂で1泊して羽黒山に降りてきた。このうち私にとって一番強い印象を残したのは滝行である。以下の記録は、この体験の直後に書かれたものである（のちに佐藤美知子著『滝行』2005、コスモス・ライブラリー、26頁以下に収録された）。

「みんな白装束に身をつつみ、修験の先達に導かれて行が始まった。まず最初に沢駆けをして、文字どおり道のない川沿いに進んでいき、滝にたどりついて滝行を行なった。

これは初めての経験で、本当に興奮するものだった。夏とはいえ、川の水は恐ろしく冷たく、とても長時間水に入っていられるものではなかった。

滝に入る前、作法に則って準備の体操をし、それから各自滝に入っていった。滝自体はそれほど大きなものには見えなかったが、いざ入ってみると、水量はすごいもので、からだが水に押しつぶされそうになり、ほんの数秒もたたないうちに、弾き出されてしまった。

私の最初の滝行体験はこうして、あっけなく終わったのだが、それは驚くべきことをもたらした。というのも、滝に入る前は心配で雑念がたくさん湧いていたのに、滝から出てくると、一切の想念がなくなっていたのだ。そして知覚は一変し、山や木や草がすばらしく鮮明に見えた。頭のなかの想念がこれほどまで簡単に、しかも徹底して消えたのは初めてのことだった。何かを考えようとすることすらできず、その何もない空白の状態で、とても幸福な感情が湧き起こってきた。

自分に一体何が起こったのか、滝との遭遇で起きたのはどういうことだったのか。いまでも不思議なことに思えて仕方がない。

このほんの一回の滝が、長時間の瞑想にもまさるものだった。修験道を開いた人たちは、おそらく自然がもたらす意識変容の力をよく知っていて、このような行法を見いだしたのだろう。修験道は文字どおり自然のふところのなかに入って自己を更新する、プリミティブでありながら理にかなった方法なのだろう。」

そのグループのリーダーであった佐藤美知子さんは、私の体験について「この方が滝を浴びてびっくりしたように、何もかもなくなったような空白を体験できるのが荒行なのです。だから、その一時、荒行をしてごらんなさい。それだけがわかればいいのですよ」（『滝行』29頁）と述べ、さらに「何も考えられないという、そこがいいのよ！　それがね、その人のほんとうの『地』なのよ」（33頁）とコメントしている。修験のような荒行は、ストレートに意識の変容をもたらす。日本では、山や森がスピリチュアリティを覚醒させる異界として身近に存在してきたのである。

中川　吉晴（なかがわ　よしはる）
1959年生まれ。立命館大学文学部教授（Ph.D.トロント大学）。著書に*Education for Awakening: An Eastern Approach to Holistic Education* (Foundation for Educational Renewal)『ホリスティック臨床教育学』（せせらぎ出版）。

第4章 教育思想と「学校の森」

今井　重孝

はじめに

本章の課題は、「学校の森」という日本発のホリスティックな教育実践を、教育思想史の中に位置づけることである。

第1部第1章、第3章の記述から知られるように、「学校の森」の実践が生まれるに際しては、まずは、地域からの出発、地域にふさわしい教育実践の工夫という視点があった。

日本の場合、20世紀の世界的な新教育運動の流れの中で地域への着目がなされたといえよう。東北を中心として行われた「綴り方教育運動」は、日常語、生活語の重要性に着目したものであり、こうした流れは、アメリカにおけるコミュニティー・スクール運動、フランスにおけるフレネ教育の創出などとも連動した動きであった。フレネ教育は、教科書の内容が農村の子どもたちの生活から離れすぎて興味を引かないことから、子どもたちの作文を印刷して教材とする工夫から始まったものである。

山之内義一郎氏は、東北大学で、はやくから人間性心理学の重要性に開眼していた黒田正典氏の薫陶を受け、地域からの出発の重要性を実践を持って示そうとした相馬勇氏の影響を受け、地域から出発することの重要性、具体的実践から出発することの重要性を心に刻みつけたのであった。それが花開いたのが、「学校の森」という日本発の世界的にもユニークな実践にほかならない。

地域からの出発という考え方は、どこの国からでも出てくる考え方である。しかしながら、学校の校地の一角に森を作る、という発想は、日本からしか生まれえなかった。

1　森と学校

学校の起源についての通説によれば、文化人類学の未開部族の調査から、成人式として行われていたイニシエーションの一部として森の中で教育が行われたのが学校の始まりといわれている。イニシエーションの場としての学校については、ギリシャのギムナシアや中国の周時代の学校がイニシエーションの場所であったとの指摘からも、そう考えられている（梅根１９６７：77）。従って、学校は、本来、人里はなれた森の中で、切り株をいすとし、年長者あるいは呪術師を教師としてなされたものであった。

ところが、四大文明の発祥による都市文明の確立により、森と都市とが分離していく。森がなくなったときに文明も滅びた、といわれる時代の到来である。メソポタミアの『ギルガメシュ神話』において、森の神フンババがギルガメシュとエンキドゥに滅ぼされるのは、森林破壊が、文明の死滅につながる警告だといわれている（月本１９９６：３４６）。

さらには、エコマスキュリニストの立場からは、稲作自体、農業自体が、すでに自然破壊の始まりなのだ、ともいわれる（ウィルバー１９９６：78）。確かに、人間が自然に働きかけることにより自然が支配され、やがて破壊されていく危険性が内包されているともいえる。

17世紀の科学革命を経由して、自然破壊は勢いを増し、20世紀中葉以降は、自然保護、「持続可能な発展」が声高に叫ばれるようになってきた。おりしも18世紀において、ジャン・ジャック・ルソーは、文明が人間を堕落させる危険性に警鐘を鳴らし、教育は、文明を離れたところでなされなければならないと主張した。科学技術の発展が、人間の自然（本性）の発達にふさわしくない環境を醸成しつつあることに、感受性の鋭いルソーは、気がついたのだった。ルソーは『エミール』（原著１７６２）の中で、次のように語っている。

都市は人類の堕落の淵だ。数世代ののちにはそこに住む種族は滅び去るか、頽廃する。それを新たによみがえらせる必要があるのだが、よみがえりをもたらすのはいつも田舎だ。だから、あなたがたの子どもを田舎へ送って、いわば自分で新しくよみがえらせるがいい。そして、あまりにも多くの人が集まっている場所の不健康な空気の中で失うことになる生気を、広い田園でとりもどさせるがいい。（ルソー１９６２：66）

この考え方は、やがて、理性を第一に信奉する啓蒙主義に抗して感情の重要性、魂の重要性、スピリチュアリティの重要性を主張したロマン主義者に引き継がれる。たとえば、エマソンは、『自然について』の中で、次のように語っている。

また、森のなかでは、人は自分の年を、ちょうど蛇がその抜け殻を捨てるように、捨てる。そして、どれほど年をとっても、いつでも子供である。森の中に、永遠の青春がある。こういう神の植林地のなかでは上品な礼儀と神々しさが支配しており、一年中続く祭りがもよおされている。ここを訪れた客は、一千年のうちには、この土地にあきるだろう、とは思わない。森のなかで、われわれは、理性と信仰にたちかえる。ここで、私は、自然がつぐなうことのできないようなことは、何事も、どんな不名誉も、（目さえのこれば）どんな災難も、私の生涯におこらない、と感ずる。荒涼とした土地に立ち、頭を爽快な大気に洗わせ、無限の空間のなかにもたげるとき、すべてのいやしい利己心は、なくなってしまう。私は透明の眼球となる。私は無であり、一切を見る。『普遍的存在者』（神）の流れが私のなかを循環する。私は神の一部である。（エマソン１９６０：50）

ルソーの場合は、田舎であったが、エマソンの場合は、森がとりわけ大きな役割をはたしている。森とスピリチュアリティの関係は、人類に普遍的なものなのであろう。日本においても、神道は、森のなかに神を見ていたのであるし、今でも鎮守の森が維持されている。しかしながら、アメリカの新教育運動の中で、森が強調されることはなかった。アメリカ大陸が広く、森が豊かに、全国に広がっていたからだと推察される。ところが、人口密度が高く、山が多く平野が少ない日本の場合、都市の中の緑は、とりわけ切り詰められていく運命にあった。

世界的な動向を確認するためにもう一人例を挙げておこう、インドのタゴールである。タゴールは次のように語っている。

教育の目的は人に真実の統一性を悟らせることである。昔、生活が単純であった時代には、人間のあらゆる異なる要素は完全に調和していた。精神と肉体から知性の分離が生じると、学校教育は人間の知的な側面と肉体的な側面だけを重視するようになった。われわれはこの重視が、知的、肉体的、精神的生活の間の分裂を加速しているのだとも知らず、子供たちに知識を与えることに専ら関心を集中している。（ガンディー・タゴール１９９０：１７７）

しかし子供たちの教育の期間、子供たちにこの世はすべてが応接間ではなく、自分たちの四肢が美事に官能させられる自然と言うものがある、ということを知らせるべきではないであろうか。（同１７４）

私の学校の少年たちは木の相を本能的に掴んでいる。ちょっと触っただけで彼らは一見、とっつき悪い幹の上のどこに足場を見つけたら良いかを知っている。どこまで枝を意のままに扱えるか、また枝先に負担をかけないためには自分の体重をどのように配分したらよいかを知っている。私の少年たちは実をもいだり、休んだり、隠れんぼをしたりすることにかけて、木のおそらく最も上手な利用者である。（同１７２）

ルソーの流れを汲む世界新教育運動は、19世紀の後半、日本を含む欧米諸国において国民教育制度が整備された直後に展開していく。この運動は、全員が学校に義務として通う義務教育制度が整備された結果として生まれたものであった。全員に教育を与えるということは、従来型の教授法すなわち、教師が一方的に教え、生徒が受動的に覚えるという教授法によっては学力がつかない生徒を切り捨てることなく教育するということであり、そのためには、個別化、手作業の重視、芸術の重視、綴り方運動、児童の興味の重視、子どもの自発性の重視など、さまざまなホリスティックな教育方法を工夫する必要性があったのだった。その結果、この時期に、現在工夫されている教育方法のほとんどすべてが出揃うこととなった。この時期、森にかかわった教育運動としては、ドイツの田園教育舎の運動があげられる。ヘルマン・リーツは、『ドイツ国民学校』の中で、田園教育舎の原則を述べているが、その中で次のような言明がなされている。

「初等ないし中等の教育課程をもった寄宿学校、孤児院、福祉機関、盲学校、慈善学校が、都市にではなく、田園地帯に設けられるべきである」（リーツ１９８５：１１６-１１７）と。これは、山名が、「『大都市』を逃れて『田園』へ移り住むという方針は、リーツの著作・論文のなかで繰り返し強調されており、その点において、ほかの『田園』を志向するコミューン形成の試みと通底しているといってよいだろう」（山名２０００：42）と述べているように、当時の農耕ロマン主義の流れの中で生まれたものであるが、その思想的ルーツは、都市ではなく田園で教育すべしというルソーにあると見ることができる。大都市における道徳的退廃こそが、リーツの田園回帰の理由であったのである。

田園ではなく森を強調する考え方には、エマソンにせよ、タゴールにせよ、スピリチュアリティが前提とされている。霊性という主張にまで至らない場合には、堕落した都市環境を避けるという消極的、保護的、防衛的な意味で「田園」が選好されるようである。

「学校の森」は、都市化がさらに加速し、田園地方の人口流出が進展し、林野自体が荒廃していく中で、都市の外部ではなく内部において「田園性」「森」「いのち」を回復する運動として生まれたものであった。

2　新教育運動の目指したものと「学校の森」

新教育運動は、さまざまな形態を取っていた。それはひとえに、教師が一方的に教授し生徒がひたすら受動的に知識を受け取る教育の偏りを是正し、ホリスティックな教育に近づけようとすることからくる必然的な結果であった。現象形態はさまざまであるが、それを支える思想には以下のような共通性があったのである。

①教育目的に関して、人格形成を重視するとともに、目的のみならず過程自身のもつ意味が強調される。「過程自身に価値がある」

②教育方法に関して、子どもの活動、興味を重視し、子どもの持てる力を引き出す方法を工夫することが重視される。「為すことにより学ぶ」

③教育内容に関して、古典語のように生活に役に立たない内容のみならず生活に役に立つ内容が重視される。「社会科、理科、生活科、家庭科の成立」

④カリキュラムに関して、教科カリキュラムのみならず経験カリキュラムが重視される。「プロジェクト学習」「総合的学習」「教科横断的学習」

⑤教育経営に関して、子どもたちも、年齢に応じて、運営に参加する。

⑥被教育者に関して、子どもを学習主体として見、子どもの発達段階に配慮する。

⑦教育者に関して、子どものみならず教師の側も学ぶ存在であり、生徒ともパートナー的な側面をもつことを考慮する。

「学校の森」が、これらの新教育の思想といかなる関係に立つかについて、考えてみたい。

(1)　人格形成と「過程」の価値

「森」は、エマソンやタゴールが述べているように、スピリチュアリティーに働きかける力がある。「森」を作った後、いじめがなくなったという報告は、こうした心に対する森の働きかけを示唆している。森林の香りといわれるフィトンチッドが、癒し効果を持つことが証明されつつあるのを見ると、森に癒し効果があるのは科学的根拠があるわけだ。森は、心や身体にも影響があるということで、人格教育、感情教育、健康教育にもなるというわけなのだ。

未来のために現在を犠牲にして勉強するという発想ではなく、現在は現在で充実感がなくてはならないし、面白さがなくてはならない、という点から見ても、「森」は生徒が放課中に入ってリラックスしたり、遊んだりする場所でもあるという点で、現在の楽しさや充実感を保障するし、森を教材として利用した授業をしたり、森の誕生会などの行事を行うという点で、「過程」の充実を感じることができる。ちなみに、「学校の森」実践で、山之内氏は、「子どもにとって学ぶことが自分の『生きがい』になる」ことを教育目標としている。これは、「学び方を学ぶ」という近代教育学の言い方を、学習の過程自身が生徒から疎外されない言い方に代えた、素晴らしい目標設定であるといえる。過程と結びついた目標設定にすることこそが、新教育運動の理念を真に生かす方向性であることを示しているという点で非常に重要な意義がある。

(2)　為すことにより学ぶ

「為すことにより学ぶ」というデューイの定式化は、生徒がただじっと座って聞いているだけではなく、自ら能動的に活動することの重要性を述べたものであり、その流れからプロジェクト・メソッドが生まれ、

「総合的学習」が生まれた。「森」という対象は、非常に豊饒なので、教科の枠には収まらない性質を持つ。従って、結果的にどうしても総合的学習になってしまうのである。森は、単に、算数の対象として葉を数えることもできるし、理科の対象として植物の種類の違いや、生物の生態を観察することもできるし、社会の対象として、木の地理的分布を調べることもできる。しかし、森は、単に教科横断的な対象であるにとどまらず、手足、感情、思考の全体に働きかける力を持っている。下草を取ったり、枝を払ったり、落ち葉を清掃したりすることは身体運動を介して健康に寄与するであろうし、森の静謐さは、こころを落ち着かせてくれるであろうし、植物や小動物との接触はいのちの大切さを自然に育んでくれる。「為すことによって学ぶ」ということは、体験こそが真の学びをもたらすということなのだ。

(3)　生活に役立つ内容、興味を引く内容

川崎小学校では、森への関心を発展させ、国語で「自然と人間」を主題にした文章を読み、自然破壊に関する新聞記事を集め、本や記事を読んだ結果をまとめて冊子にした。「川崎の森」の設計者の小日向先生の論文も読み、自分たちの植えた木がどんな役割をもっているのかを知った。そして、意見文をまとめて意見文集を作成した。そのなかの一つを紹介しよう（手塚１９９１：１５５-１５８）。少し長いが、「学校の森」にかかわるカリキュラムがいかに生徒の興味、思考、判断力、文章力を発達させるかをよく示していると思われるので、全文引用する。

鳥と自然保護

6年　諸橋岳史

自然、それは、ぼくたちにとって、一番大切なものではないでしょうか。しかし、今、その大切な自然が失われているとしたら、ぼくたちはいったい何でそのことを知ることができるでしょうか。

新聞でしょうか。テレビでしょうか。どちらもニュースとして教えてくれますが、それは、自然破壊がだいぶ大きくなってからしか教えてくれません。このとき知ったのなら、もはやその自然は手遅れの状態に近いのです。

では、自然破壊が進む前に知る方法はないのでしょうか。その知る方法のひとつは、あらゆる生物を観察することです。なぜならそれが自然そのものだからです。

その中でも、ぼくは鳥の種類をバロメーターとして使ってみました。

この長岡市を例にとって考えてみることにしましょう。駅前、学校周辺、そして信濃川を比較してみます。

まず、駅前の鳥は、ドバト、ムクドリ、ツバメ、スズメ、ハシボソガラスのわずか5種類でした。学校周辺ではそれに加え、ヒヨドリ、シジュウカラ、キジバト、カワラヒワなどの合計23種類でした。信濃川では、サギ類6種、ガンカモ類13種、ワシタカ類7種、シギ類7種など、合計76種でした。これからわかるように、鳥の種類の数の差が、駅前と、信濃川ではだいぶちがうのです。

さらに種類数だけではなく、その鳥の性格も比較してみましょう。駅前には、ツバメのような、人の多くいる所を好む鳥や、ドバトのように車の多いところでもくらしていけるような鳥ばかりですが、学校周辺では、ウグイスなどのような、あまりににぎやかな所を好まない鳥や、住宅地ならすめるがうるさいのはいやだというカワラヒワなどがいます。

つまり、これから駅前がうるさいということがわかります。もし長岡市全体が駅前みたいだったらどんなことになるでしょうか。車の騒音ばかりうるさくてたまりません。人間も住むのにちょっと苦しいくらいのところに、鳥たちはそうやすやすと入ってくれるでしょうか。無理なことはわかっています。

そこで、「川崎の森」のように木を植えたらどうでしょうか。鳥たちは、きっと関心を示してくれることでしょう。この木を植えるということが、自然を守るということにつながっているのではないでしょうか。木を植えることだけではなく、川があるところなら、川をきれいにすることもそうでしょう。自然を守るとは、釧路湿原を、釧路国立公園に指定するみたいなことばかりではなく、もっと身近なこと、たとえば、「川崎の森」の木をいためないように、中に木道をつくったり、「川崎の森」の木々の変化を調べ、大切にしたり、また栖吉川の水をよごさないようにするなどいろいろあります。

こういう心をもつことが、一番の自然保護だと思います。

こうした、優れた学習が発展するのは、まさにプロジェクト学習であり、総合的学習にほかならない。この作品を大学の授業で紹介したとき、小学生のレベルの高さに思わず学生たちの間から感嘆の声が漏れたのを忘れることができない。興味を発展させることにより、ここまで、質が高まっていくのである。

(4) 経験カリキュラムの重視

カリキュラムを教科ではなく、経験をもとに作り直す例として、日本では、3層4領域のコアカリキュラムが有名である。生活課程、中心課程、系統課程の3層と、健康、経済、社会、文化の4領域からなるカリキュラムである。しかし、これは、一般に普及することなく、現在も教科カリキュラムが中心をなしている。1970年代の日本における教育内容の現代化運動、現在の学力向上の圧力は、総合的学習ではなくて、教科の基礎学習を重視する傾向にある。しかしながら、プロジェクト学習を多く取り入れ、授業時間数も決して多くはないフィンランドの生徒が、PISAテストの結果世界で一番いい成績を上げているところを見ると、今こそ経験カリキュラムを重視すべきとの考え方も成り立つわけである。

「学校の森」実践では、山之内義一郎氏が、「学校の森」実践で再検討する中から、独自の全体カリキュラム構想を提起した。これこそ新しい時代の経験カリキュラムの考え方の有力な方向性と思われるので、ここでも取り上げることにする（本書23頁図2参照）。

下部に、肉体の層、真ん中に、心の層、その上に、精神の層を置き、人間を、「動物的なもの」「人間的なもの」「理想的なもの」の3層からなるものとして理解する。一番上の精神の層に対応するのは、「心を決める喜び」と呼ばれるもので、自分の意志で行動を決める喜びである。道徳、特別活動、図工、生活科、総合学習の教科、領域がここに含まれる。次の層に対応するのは、「わかる喜び」で「こころの層」に対応し、今まで見えなかった構造や意味、ものごとの関連に目を開かれたときの「感動」である。教科としては、算数、国語、社会、理科がここに属する。

最後の層は、「肉体の層」であり、「できる喜び」で特徴付けられる。これは技能に関連するもので、練習や訓練によってできなかったことができるようになる喜びである。科目としては、体育、国語、社会、理科がここに属する。

目標が、知識ではなく、喜びという感情で表現されているところが画期的である。人間の3層、身体・意志と心・感情と頭・思考の3層にも対応するホリスティックな人間構成論にもとづいて構築されたこのカリキュラムは、今後の新しいカリキュラムの模範の一つになりうるものである。

(5) 子どもの参加

新教育運動以降の子どもの参加に関しては、基本的に、学生や生徒、また親が学校の経営に参加することが民主主義の観点から良しとされている。しかし、参加法制が進んでいるとされるドイツの生徒参加においても当然のことながら年齢により参加の仕方が異なっている。ちなみにベルリンの学校法では、学校会議のメンバーになれるのは7学年つまり中学1年以降となっている（Schulgesetz fuer das Land Berlin, 2006）。

シュタイナーの発達段階論によれば、小学生の場合は、まだ、自分独自の判断を形成するだけの基礎ができていないので、むしろ生徒の畏敬の対象である教師が正しいと信じる内容を示すほうが、この時期はよいといわれる。こうした観点も考慮してか、「学校の森」では、経営内容に参加するのではなく、「森づくり」の過程に、親も子どもも教師も参加するという手法をとっている。これは、結果的に、地域と学校のつながりを強めるのみならず、自分が植えた木であるという意識が、森に特別の思い入れを抱くことになり一層の愛着がわくことになる。問題は、新しく入学した生徒の場合であるが、森ができ上がって以後入学した生徒には、自分で植えた感激は味わえないので、川崎小学校が実践しているように、自分の木を生徒に決めさせて世話をしてもらうという方法もある。とにかく、世話をすればするほど愛着が増すものなので、折に触れて世話に参加する機会を準備することが大切であろう。

教育経営に関して、とりわけ、２００６年7月に「学校の森」を見学して感じたことは、校長先生や先生方が転勤することとの両義性であった。公平を期するための日本独自の制度として公立校での転勤は、当たり前になっているのであるが、地域と学校のつながりを本当に考えるのであれば、転勤を望まない限り当該校にとどまれるシステムが必要であろう。ましてや、現在のように、学校間の競争が東京都のように公的に促進されるということになると、同じ学校にとどまらないのでは、競争がしにくいであろうし、競争の前提条件が整っていないということになろう。

また、最近は、ショーンの主張する「反省的教師」が注目を浴びており、佐藤学氏は、反省的教師こそがあるべき教師の姿であるとしている。この反省的教師とは、常に、自分の実践を反省しながら新しい実践を生み出す教師のことであり、「学校の森」を生み出した山之内義一郎氏の実践の展開こそまさしくこの反省的教師の名に値するものであった。

(6)　子どもの発達段階、子どもの個別状況への対応

「学校の森」のある学校での一場面である。登場する生徒は小学2年生である。

ある子が言う。

「先生、ヒマワリの花がシャワーみたいに曲がって、苦しそうだよ」。

続けてもう一人の子が、

「違うよ、それは隣のヒマワリさんとこんにちはをしているんだよ」。

するると、３番目の子が自慢そうに大きな声で、

「それはね、ヒマワリの種が重くなったので、シャワーみたいに曲がったんだよ」。

こう言われて、先の２人は圧倒されて自信を失ってしまい、この意見をあらためて友達の前に発表できなくなってしまった（黒田１９９２：１１５）。

こうした場面はよくある光景である。このとき教師はいかに振舞うべきであろうか。

３番目の子は、明らかに重力の法則を意識した応え方をしている。ほかの子どもは、擬人法的に捉えている。ピアジェによって「アニミズム的思考」と呼ばれるものである。ピアジェによれば、因果法則を理解するほうが発達段階としては上ということになる。そうすると、大人は、重力の法則を正解とし、擬人法を誤りとして修正したくなる。実際、修正する先生もいるに違いない。

しかし、なぜ、小学校2年生の子どもは、擬人法的に世界を認識するのであろうか。何か理由があり必要があるからそうした段階を経由するのではないのか。シュタイナーの発達段階論によれば、子どもは、８歳頃までは、つまりは小学校2年生頃までは、まだ前の第一７年期の影響を受けており、自然と子どもが一体となった世界に生きている。従って、擬人法的に認識するのが自然なのだ。そして、こうした自然との一体感の経験が、生命を尊重したり、他者や自然への共感として、やがて道徳心にもつながっていくというのである。そうであるとすれば、そうした、一人ひとりの生徒の発達段階に応じた感性に共感し、肯定することが大切であるということになる。最近の大脳生理学の研究においても、９歳が大きな変化の時期であるとされているが（安彦２００６：１０６-１０７）、９歳こそは、子どもが孤独に目覚める時期で、これ以後、もは

や、メルヘンを聞いても信じなくなる時期となるのである。こうした発達段階を含め目の前の一人ひとりの子どもの具体的な状況への対応を臨機応変に考えることが教師にとって大切なことなのである。そして、こうしたまなざしこそが学校の森を生み育てていったのである。「ひまわりの種の中に入って遊んでみよう」というようなイメージ活動も、「学校の森」を支える重要な実践なのである。

(7) パートナーとしての教育者

山之内氏は、校長になって後、常に強力なリーダーシップを発揮し続けた。そして、地域の人々との「つながり」を大切にし、総合活動のなかにも4年生の「そば作りと収穫祭り、そば食の歴史的体験」にせよ、5年生の「稲作りの生産体験、収穫祭り（餅つき大会）」にせよ、6年生の「錦鯉の産卵から成魚までの飼育と、村の錦鯉品評会」への出品にせよ、親、祖父母、住民、農協、行政の参加が伴っていた。

「学校の森」実践には、学校経営への生徒の参加といった発想は見られない。実践の専門家である教師や校長、教頭が方針を示すべきであり、子どもの興味や必要性は、専門家としての教師の側が汲み取るべきものと考えられている。この点は、新教育運動と少しニュアンスが異なるところであるが、これは、シュタイナー教育における子どもの発達段階説を考慮すると、了解可能となる。7歳から14歳の子どもは、まだ論理的に自分で判断するだけの力がないので、この時期の子どもには、感情に訴えることが基本となる。従って、この時期必要なのは、教師に対する子どもの尊敬の感情であり、芸術を媒介とした美的感情への働きかけである。この時期、尊敬できる大人に出会うことのできた生徒は、14歳以降、相手の考えも理解した上で自分の主張を展開できる人間となることができるのである。こうしたことを、子どもと実際に接する中から体感していた山之内氏は、専門家としての教師の大切さ、地域の状況、子どもの状況から出発することの大切さとともに、尊敬される教師になることの大切さを感得されていたにちがいない。

おわりに

「縄文の森」から「鎮守の森」を経て「学校の森」へ。森の持つスピリチュアルな次元は、人間をしてホリスティックな気づきへと導いてくれる。日本のデュオニソス的な生命エネルギーは、縄文文化、鎮守の森での祭りへと引き継がれ、今は地域の中心としての学校への期待が、「森」と結合し、盆踊りを「学校の森」の近くで行おうとする例すら出現している。血縁、地縁の共同体が解体した後、新しい地域のコミュニティーを支えるのは、学校を中心とした意識的な地域の再生であるのかもしれない。

こうした、長い歴史的な経緯を背景として持つ「学校の森」の実践は、日本発のホリスティック教育の実践として、韓国にも広がりカナダにも知られているわけであるが、この実践は、三浦朱門元文化庁長官が、山之内氏が吉川英治文化賞を受賞した折に述べられていたように日本の国土にふさわしい実践であるとともに、それにとどまらず、公立学校ですぐにでも実施できる現実的な実践である。

「学校の森」の実践は、単に、新教育運動によって生み出された新しい実践的理念（神尾２００５：25　岩間執筆部分）を実現できるのみならず、新教育運動の持っていた弱点をも乗り越えられる射程を備えているのである。あまり指摘されることのない新教育運動の弱点は、①本来新教育連盟を支えていたスピリチュアリティーの重視が教育実践には生かされなかったこと、②子どもの参加が強調され、児童生徒の発達段階にふさわしい教師生徒関係への配慮が弱かったこと、である。「学校の森」の実践は、スピリチュアリティーの要素を含めたホリスティック教育を可能とし、教師のリーダーシップと地域の人々とのつながりを強調し、子どもを無理に大人として扱わず、日本の伝統的な言い方を借りれば、「児遣《こや》らい」の伝統「ひとねる」「ひとなる」「ひととなる」の伝統、「ブッタオシモチ」の伝統に見られるように、年齢にふさわしい教育、子どもにふさわしい教育をする考え方を無意識のうちに導入している点で、21世紀にふさわしい実践であるということができる。

「学校の森」実践には、尽くせない豊かさが含まれており、それを引き出してゆくことが、今後の重要な課題であるといえる。

最後に一つだけ、留意しておきたいことがある。それは、「学校の森」は、単に木を植えればよい、というものではない、ということである。植え方の決定、協力体制から始まって、森を利用しうる教育観、子ども観、教師観、自然観、学問観が大切なのである。地域の実情から出発するという教育観、子ども一人ひとりの持つ個性、発達段階、置かれた状況に応じた教育が必要との子ども観、教師は専門家としての自覚を持つ反省的教師であるべきという教師観、大自然にいのちのつながりを感じる自然観、科学的知識を生きる叡智と調和させるべきとの学問観こそが大切なのだ。そうした精神があれば、「学校の森」の運動自身が、生き物のように成長し発展し、またその状況状況、地方地方にふさわしい新しい実践が、自ずと生み出されるに違いない。

文献

安彦忠彦（2006）『改訂版教育課程編成論』日本放送出版協会
ウィルバー、ケン（1996）『万物の歴史』大野純一訳、春秋社
梅根悟（1967）『世界教育史』新評論
エマソン（1960）『自然について』エマソン選集1、斉藤光訳、日本教文社
神尾学編著、岩間浩・今井重孝・金田卓也著（2005）『未来を開く教育者たち／シュタイナー・クリシュナムルティ・モンテッソーリ…』コスモス・ライブラリー
ガンディー・タゴール（1990）『万物帰一の教育』弘中和彦訳、明治図書
黒田正典、山之内義一郎、小千谷小学校（1992）『喜びを創る学校』
月本昭男訳（1996）『ギルガメシュ叙事詩』岩波書店
手塚郁恵（1991）『森と牧場のある学校』春秋社
リーツ、ヘルマン・川瀬邦臣（1985）『田園教育舎の理想』明治図書出版
ルソー（1962）『エミール　上』今野一雄訳、岩波書店
山鹿誠次（1993）『江戸から東京そして今』大明堂
山名淳（2000）『ドイツ田園教育舎研究／「田園」型寄宿学校の秩序形成』風間書房

今井　重孝（いまい　しげたか）**編者／日本ホリスティック教育協会運営委員**
1948年生まれ。青山学院大学教員。共著として『日本のシュタイナー教育』『ホリスティック教育ガイドブック』『未来を開く教育者たち』『内発的発達と教育』『世界の教育改革』ほか。

ホリスティック教育のモデルとしての森林学習

岩間　浩

森はまことに、総合的でホリスティックな学習のための教科書であり、ホリスティック教育の理念を具現する教育は、森の学習でかなえられます。

森は海の恋人

宮城県気仙沼の舞根湾で牡蠣《かき》と海苔《のり》の養殖を生業とする漁師・畠山重篤氏は、昭和40年代に海の汚染による、牡蠣や海苔の甚大な被害を経験しました。その後、フランスの良好な牡蠣養殖場を訪れ、そこに流れ入る川の上流に広大な広葉樹の森林がある状況を見学し、牡蠣の養殖に森が大切な役割をはたしていることを認識しました。帰国後、この点を研究して、ついに舞根湾に流れる大川上流の室根山に仲間の漁師たちと広葉樹の植林を行い、地元のさまざまな人の協力を得て、豊かな森を復活させました。その結果、再び、舞根湾に豊かな漁場が戻ってきたといいます。森が蓄えた水は、腐葉土からの豊富なミネラル分などを含み、それが植物性プランクトンを養い、動物性プランクトンの餌になり、また、小魚の餌になり、大きな魚の餌になる。このように森は食物連鎖により川につながり、海につながり、人々の暮らしともつながっている。まことに「森は海の恋人」であるのです。

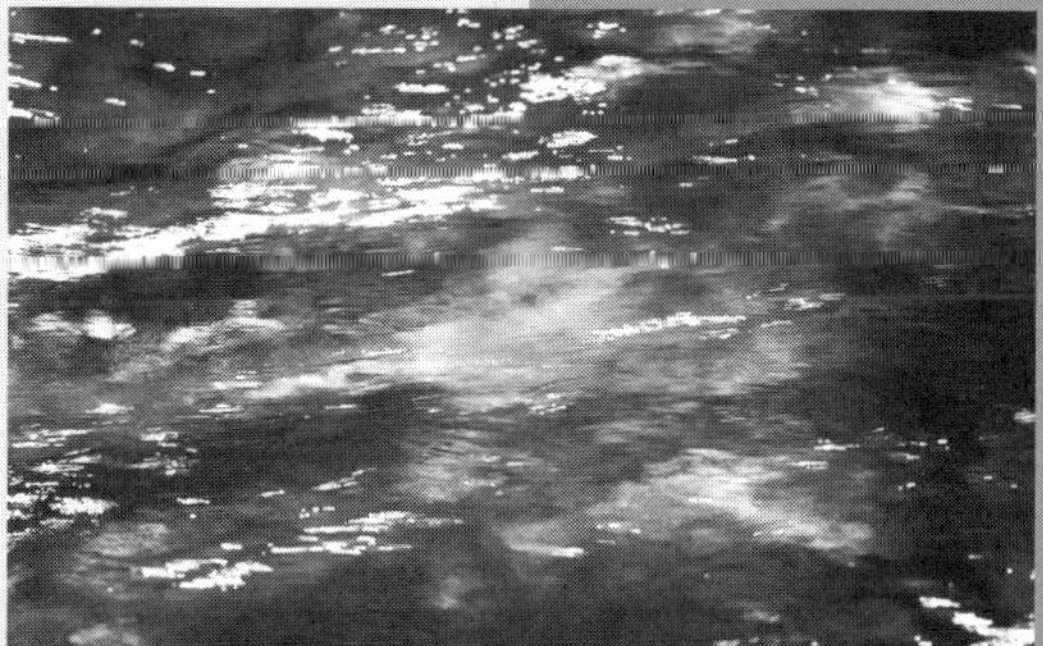

森はいのちのマンダラ

森ではまた、樹木が葉緑素を使って、二酸化炭素と根からの水分と太陽の光から、光合成をして炭素を取り入れて成長し、その樹木の葉や実を昆虫や野鳥が食べて生きています。それらはより大きな動物や鳥に食べられる。そして、樹木の葉や樹皮が地面に落ち、昆虫や動物の死骸が地面に落ちると、地面のミミズ、ダニ、トビムシなどの小動物やバクテリアや菌類がこれを砕いて小さくして、最後には再び無機物にしてしまう。このように、植物（生産者）、動物（消費者）、小動物やバクテリア（分解者）が互いに密接に関連しつながりあって、森を支えているのです。また、森の地面の中は、小動物が通る孔や地面を被う腐葉土によってふかふか状態で、水分をたっぷりと溜めて洪水を防いでいますが、森の樹木を乱伐すれば、たちまち保水作用が破壊され、洪水が起き、村も町も大きな被害に見舞われます。

　多大な恩恵を与える森が地上から失われれば、かつてもろもろの古代文明が森の乱伐によって崩壊したように、現代文明も亡びる運命を担います。すでに過剰な開発によって森林は乱伐され、大洪水を引き起こし、酸性雨や温暖化、砂漠化、オゾンホール、ゴミ問題、大気汚染に海洋汚染などの自然破壊連鎖が地球の自然環境を狂わせています。健全な文明へと軌道修正する鍵は、これまでの大量生産、大量消費の生活習慣を反省し、簡素な生活を取り戻し、その上で、健全な森を復活することにあると信じます。今、世界各地で、森林復活の試みがなされています。学校の森づくりもその一貫であり、森が復活するところに、健全な生活、健全な教育、健全な文明・文化が復活するに違いありません。

　森はまことに、あらゆる生命がかかわりあい、生態系をなし、一体となって存在しているのであり、日本最初のエコロジスト・南方熊楠《みなかたくまぐす》（１８６７－１９４１）は、これを「森林マンダラ」と呼びました。森こそはホリステックな世界観のシンボルであり、総合学習の豊かな源泉であると実感する今日、この頃です。子どもたちが森の学習によって、森の存在意義に目覚め、将来、森の保護と森の再生に尽力するようになれば、地球の未来に希望のともし火が灯ることでしょう。

文献

畠山重篤（２００３）『森は海の恋人』北斗出版

岩間　浩（いわま　ひろし）
１９３９年生まれ。芝浦工業大学助教授を経て米ペンシルヴァニア州立大学博士課程で国際教育方面を学び、90年ph.D.を取得。現在、国士舘大学文学部教授。世界新教育学会、常任理事・事務局長。

第2部

それぞれの学校の森

第1章　幼稚園の森づくり

いのちのつながりに導かれて

嘉成　頼子

1　森から山、里へ

「わたしはあのとき、雨なんてこと気にせず木を植えた。

みんなが植え終わった後、まだ流れていない川の前に集まった。

川が流れ出したとたん、みんな歓声をあげた。

わたしはいきなり流れ出した川に少しだけビックリした。

理由は今まで流れていなかったのに急に流れ出してすごい音でざーといったから。

まきばの森ができてから、わたしはまきばの森がお気に入りになった。

園庭の下（うさぎやあひるさんのいるところ）に行くときの、通り道になっていた。

そして、わたしが卒園した後も木々はのび、草は生えいつの間にか本当の森のようになっていた。

わたしは、同そう会い外のときもたまに来られるのがうれしいです」。（W・N　小3）

2000年3月4日、この日は土砂降りの雨となりました。前日からの霧雨が、いざ「これから苗木を植えましょう」と外に出る頃には、強い雨に変わっていました。幼稚園の子どもたちが1年を過ごす庭。そこは木々の芽が出、花が咲き、実がなり、葉が色づき、落ち葉になって散ってゆく、そのような庭でなくてはと、子どもたちとお家の人たちと一緒に苗木を植えたその日は、木々にとっては最高の雨の日でした。

当時、幼稚園に入ってくる子どもたちを見ていると「不自然な育ち」を感じました。水を極端に怖がる子、母親と離れることや大人が周りにいないことをまったく意に介していない子、おしめをつけているのに字が読める子、いきなり英語の単語が出てくる子、知能に問題があるわけではないのに、1～2歳のように遊ぶ子……人の自然な育ちが寸断されている、と感じました。そして、次々と起きる少年たちの悲惨な事件。人の中にある「いのち」の感覚が薄れ、人が身体に刻み込んできた生きる技がなくなりつつあり、本能としての母性や父性も薄れていっているという危機感が襲ってきました。

もとよりそのような危機感は教育現場にも社会の中にもあると思います。文部科学省の施策は「幼児教育振興プログラム」にも見られるように幼稚園を中核として幼児教育の質の向上を図ることを目指しています。しかし、幼稚園を地域の幼児教育のセンターとして、子どもたちを地域で育てようというもくろみも「子育て支援＝預かり保育」として長時間子どもを預かることのみが表面に出ています。結局のところ家庭の役割の肩代わり、母親の就労を援助するという形になって、家庭を切り崩し、その中心にいる子どもの育ち、子どもの「いのち」の成長そのものから目を離してしまっているのが現状です。

森はファンタジーの世界

大人の小手先の技術や知識の切り売りなどでは子どもたちは育たないし、もう間に合わない、子どもたちを自然に帰すしかない、庭に「森」をつくろう、と思いました。長年の夢であった川も流そう、子どもたちが我を忘れて存分に遊べる水と土、泥、そして四季の変化をみせてくれる森。そんな絵が浮かびました。そして、降園後、お母さんたちがおしゃべりをしながら子どもたちの様子を見渡すことのできる東屋も必要と思いました。子どもたちがどのように育ち、大きくなっていくのか、何に喜び、夢中になるのか、友だちとの関係をどのようにつくっていくのか、子どもたちを通してお母さんたちに学んで欲しいと思いました。

父母に集まってもらって「森の計画」を伝えました。その話は、驚き、そして次に喜びや楽しみへ変わりました。事が成る、というのは人の思いを超えて何かが働いていくようです。計画は持ったけれど資金がないのが実情でした。しかし、突然天から降ってきたかのように厚生労働省から「少子化対策特別交付金」が幼稚園にも降りてくることになったのです。

森はどのようにつくろうかと造園業者に聞くと、木を植えたら1～2年は周りを踏んではいけないというのです。それでは、子どもたちにとって親しめないものとなってしまいます。困っていたとき、目にしたのが山之内義一郎先生の小学校に森をつくられた実践でした。お目にかかりたいと思ってから1週間後に、川崎小学校の森で熱く語られる山之内先生から、森づくりの多くのヒントと展望を頂きました。後になってそれを見た小学生が言った「弱肉強食のやり方」で植えることにしました。自然の森は淘汰された木が残っていきます。この地域の植生にあった木を選び出し、ぎっしりと400本を植えることになりました。しかし、川については考えがつきません。脇を流れている用水路から汲み上げ、浄化しようか……浄化の方法は……と考えている内に、交付金の計画を県へ提出しなければならなくなり、押されるように井戸を掘り、川を流すことにしました。ところが後に交付された金額は井戸を掘り、苗木を買うのにピッタリの金額だったのです。

1999年の12月に井戸掘りが始まりました。下水工事ができますからとパワーシャベルを持ち込んで川を掘って下さる方、玉石がありますと言ってトラックいっぱいの石を寄付して下さる方。川はどのようにつくろうかとあれこれ考えている内に、どんどん玉石を積んで小川をつくっていくおじいさんたち。それを見ながら、お父さんたちが「おじいさんにはかなわない」といった言葉は忘れられません。お母さんたちも子どもたちと一緒に川を掘り、森にする小さな山に腐葉土を入れました。どなたかが言ってくださった「まきばの森は人の森」という言葉がピッタリの姿でした。当時、森づくりに熱心に加わってくださったお父さんが文章を寄せてくださいました。

「子どもの頃、私は確かに「遊びの天才」であったと思っています。

自然の中に遊具はありません。

子どもはそれらを工夫して遊ぶことで天才になっていきました。

水の流れる楽しさ。丘を駆け下りる楽しさ。

子どもの頃のこれらの思い出は私にとって何物にも換えられるものではありません」。（年長　父親）

ある大学の先生が森を見られて、どんな教育理論でつくられたのですか?と聞かれました。「勘です」と応えましたら、笑って居られましたが、私や多くの方を突き動かしたのは理屈ではなく、子どもの頃に体験した「ワクワク感」とでも言うのでしょうか、温かい原体験に違いありません。あの体験を子どもたちにもさせたい。それだけの思いです。そしてその原体験は思い出すと元気になり、温かい気持ちになって前に進むことのできる、そんなものです。

40~50cmだった苗木は3年で見上げるほどになりました。森の中には子どもたちのつけた獣道があります。その中に潜んでただじっとしている子たちがいます。葉っぱは常に砂場の料理の材料になり、お皿になります。お買い物に行くときにはお金になり、切符にもなります。そう、3年経った頃、クワガタが来たのです。山ハンノキの幹にコクワガタを見つけました。毎年何匹かが見つかります。メジロはもちろんシジュウカラの群れが飛び交い、コゲラが木を登りウグイスも森の中で鳴きました。川には草が生え、誰も種を蒔かないのにすみれやタンポポも根を下ろしました。チョウチョやトンボの数もぐんと増えました。今、森は堂々として10年を待たず、鬱蒼とした森になりました。

森にひそむ

このように日常的に自然の営みを感じることができるようになりましたが、子どもたちにはこの庭だけではなく、さらに豊かな自然の中に身を置いてもらいたいと、春夏秋冬、鈴鹿の山の中にあるキャンプ場に遠足に行きます。お泊まり保育の場所もここです。2005年の秋、いつものように秋の遠足に行きますと、ドングリがひとつも落ちていないのです。何の異変かわかりません。毎年、松ぼっくりをリスがむいて食べた跡を見つけたり、動物の足跡やうんこを発見して喜んだりしている子どもたち。幼稚園に帰ってから考えました。今年の冬、リスたちはどうするのだろう……私たちにできることはないかな？　そして、近くの山にはいっぱい落ちているドングリを拾って届けたい！　と子どもたちは言い出しました。その様子を担任がクラス便りに書いています。

「12月2日に山へどんぐりを届けに行って来ました！『りすさんたち、もう冬じたく始めていないかな……』と心配そうな子……『ふじ組さんだけで行くの？』とってもうれしそうな子……みんなそれぞれの思いを抱いて園バスに揺られていきました。朝明茶屋につくと「おくいさ～ん!!」と奥井さんの元に走りより、早速、ドングリの置き場を聞きました。それは毎年ドングリがどっさり落ちてる場所でした。みんなは豆まきのようにドングリを蒔いていました。そして、お山のいろいろな方向に向かって『おまたせしました～』「たくさんたべてね～」と叫んでいました。みんなの声はお山中の動物さんたちに聞こえたと思います。その後、冬イチゴの場所を教えてもらい、パクリ！　食後は大量の落ち葉でひたすら遊んでいた子どもたちです。何もなくても、そこにある自然の中でただただ遊び続けていた子どもたちに私はうれしくて、たくましさと生きている実感を強く感じひとり感動していました」。

その後、その担任は、どうして子どもたちは山の中をあんなに安心できる場所としているのか……と考えたというのです。思い当たることは、この子たちは幼稚園の「森」で3歳のときから毎日毎日遊び、その中にころがり、ままごとをしてきたから……そうに違いないと思ったと私に教えてくれました。私のなかで、ドングリと子どもたちによって森と山がつながりました。

2　まきばの森から里へ

2004年6月、私は住居を鈴鹿山麓の村に移しました。その年の10月、通勤のために車を走らせていたときのことです。道の両側にはたわわに実った稲の穂が頭をたれて風にそよいでいました。一瞬、ハッとして「私にはお米がつくれない。なんと生活力のないことか」と思ったのです。薪で米を炊くことはできる。しかし、お米がつくれない。「困った」と思ったのです。村の中を歩いてみると、ゴミひとつ落ちていない、顔を見れば自然に挨拶を交わす、どの家も生活を大切にしていることが家の雰囲気から伝わってきます。そこに住んでみると、自分の生活力の無さが嫌になるほど感じられるのです。土から離れてしまった、「いのちの営み」から離れてしまった現代人の自分を感じるのです。

「お米をつくる田んぼを貸してくださる方は居られませんか？　それもつくり方を最初からていねいに教えて頂きたい……」と無理難題をいいました。ある方は「そんなん、やめとき、大変なだけ」と相手にしてくれませんでした。しかし、「？」と考えてくださった方がありました。１ヵ月くらい考えて「どうせやるなら、自然農法でやりたいんでしょ。それなら、他から農薬が飛んでこない、こちらから虫が飛んでいかないところがいいな。……うちの田んぼ、10年以上放ってあるんだけど……一度見てきて」と言われました。現地は鈴鹿の山の最高峰である御在所を何の遮るものもなく眺めることができ、周囲には森があって美しい場所ですが、下の村までの１kmくらいの間の田んぼのほとんどが休耕田でした。人々が忘れてしまったようなところでした。その方の田んぼは1番上の田んぼでしたが、その姿がまったく見えないほど、人の背丈以上に伸びた笹に覆われていました。ひとり生えの木々が何本かそれぞれの田んぼの中にあって、それはすでに田んぼではなく原野でした。しかし、私はこれは「ピッタリの場所！」と体が熱くなりました。小鳥の鳴き声が絶え間なく聞こえ、明らかにイノシシの沼田場と思えるところがあり……生き物の気配があるのです。

「田んぼやらない？」と卒園をする何人かに誘いを掛けました。「やるやる！」と集まってきた人たち7〜8家族ほど。鎌を持って集まったのは２００５年2月20日、日曜日のことでした。「せんせ〜い！　田んぼって言ったよね」と笹林を見て驚くばかりの人たち。それでも一歩を踏み出すしかない！とばかり、手ではどうしようもない笹を、草刈り機で黙々と刈ってくださる男の方々。手で少しずつ刈る女性たち。その間を探検して歩いたり、秘密基地をつくったり、刈った笹で大きな巣をつくって収まる子どもたち。新しい「いのちの営み」が始まりました。笹を刈り取るとそこには、3枚の田んぼと脇の道が現れました。しかし、そのほとんどの作業を土地を貸してくださる奥井氏の労に委ねなければならないことは大変心苦しい思いでした。しかし、常に笑顔で「どうやったらいいか、ひとつやって次をまた考えましょう」。その言葉はどんなにか頼もしくありがたかったことでしょう。「ここが子どもたちに提供できる自然が昔のまま残っている場所になるといいね。お米もだけど、田んぼの中にきっといろんな生き物が湧いて来るやろし……」と素朴な教育への思いを共有できる奥井氏の奥様の言葉は私への励ましとなり静かな確信へと変わっていきました。奥井氏ご夫妻は幼稚園の子どもたちが「リスさんへ」とドングリを持っていった山のキャンプ場のオーナーです。人と人とのつながりは思いがけないものを生み出していきます。

この田んぼをやっていく人たちの会を「イワンばかの会」と名づけました。トルストイの「イワンのばか」から頂いたものです。トルストイの訳者で世界的に有名な北御門次郎氏は「イワンのばか」をすべての学校で教科書にすることを願って亡くなりました。すべての子どもたちがイワンに学び、習うことが平和な世の中をつくっていくと訴え、ご自分は熊本の山の中で農業を営んでおられました。

手にまめをつくってコツコツと働くことに嫌気がさしたイワンのお兄さんたちに、悪魔は稲藁に魔法をかけて兵隊をつくり、領土を増やしてやったり、金貨をつくってお金で世界を支配させようとしました。この悪魔のやり方はまさに現代の世界の状況そのものです。イワンのところにも悪魔はあの手この手でなんとか自分

掘っても掘っても石

の思い通りにさせようとして来ます。大悪魔は「手にまめをつくってこんなに働くなんて、なんとバカなやり方だ。頭を使って働け」と高い櫓《やぐら》に立って演説をするのですが、イワンたちは言われていることがさっぱりわからず、いつになったら頭を使って働くところをみせてくれるのだろうかと見物しているのです。そのうち、大悪魔は喋りすぎて疲れて目が回って頭からゴンゴンと落ちてしまう。それを見て人々は「頭を使って働くのは痛そうだ」とあきれてはて、また農作業に戻っていくのです。イワンの国には「手にまめのある人から食卓につく」という法律があるだけで、自分の分だけで満足していますから、争うこともなく、分かち合い、幸せに楽しく暮らしています。

土を耕し、木を造作し、小さな火を使って料理をするというような「生活の出発点」は「いのちの営み」そのものであって、人がこの地球上で共存していく知恵や温かさを私たちの身体に思い出させてくれるのではないでしょうか。子どもたちやわたしたち大人の具体的な「いのちの営み」から目を離してしまったら、悪魔にまんまとやられてしまったイワンのお兄さんたちのように自分の足許が崩れてしまうのです。

もし、教育を「自分探しの旅を扶ける営み」（幼稚園教育要領）と位置づけるとするなら、人の「いのちの営み」の原点を断片的にではなく継続的にどこかで体験し続けることを、教育現場は保障しなくてはならないのではないかと思うのです。そして、家族が丸ごと育っていくことを扶ける場所を「子育て支援」として位置づけることが緊急の課題ではないかと思うのです。

「お米をつくらなければ」という思いは奥井氏ご夫妻の力を借りて膨らみ、実現へと向かいました。

原野に戻っていた田んぼには、笹だけではなく、ある時期工事のためにその場所を貸したために、大きな石ころなどが混入していました。笹を刈った後、パワーシャベルで笹の根を削り取るようにして取り除き、その後大きな石を取り除く作業を２００５～２００６年の冬は続けました。笹の根を取りだして、焼き、その中にサツマイモを放り込んで、作業の後は火を囲んで……という単純な作業は楽しいものでした。実際に田植えができるようになるまでにまだ1年はかかるだろうと覚悟を決めていたところへ、奥井氏は「何を植えるかみんなで決めて下さい」と言われるが早いか1枚目の田んぼにパワーシャベルで畦をつくり、その周りに水が流れるように溝を掘りました。水は脇の小川からパイプで引き込み、溝と田んぼに水が入ったのです。

２００６年の春の始まりでした。鍬で何度も田んぼを耕す作業が繰り返されました。何度やっても石ころが出てきて、それを子どもたちが運び、石ころの山ができました。一抱えもある物はお父さんたちの力でないと動きません。そんなことをしている内に溝の中には藻が生えだし、いつの間にか小魚が泳ぎだし、タイコウチやゲンゴロウなどの水生昆虫が目につくようになりました。肝心の植える物は「古代米」と決めました。縄文の昔から人が口にしていた物をつくってみたいと思ったからです。赤米や黒米、粟、ヒエ、真菰《まこも》がいいなぁ……。どうやって、種籾《たねもみ》を手に入れるか……、手で動かす耕耘機があるといいなぁ……と思っていると、それもこれも奥井氏の村の人たちとのつながりのなかで必要なときに何気なく差し出されるかのように頂けたのが不思議でした。

6月10日、田植えの日となりました。大人12人子ども12人が小さな手づくりの田んぼに自分たちで蒔いて育った稲を植えました。もう泥とはすっかり馴染みになっていて、泥の中にすっと吸い込まれるような感覚で、稲を植えるのは心地よいものでした。おそらく昔だったら田植え歌が歌われ、リズムをとってほどよい間隔

草取りってたのしい!!

に稲が植えられたのでしょう。役割分担と助け合いがないと田植えはできないものだったことがよく解ります。楽しく、満足な1日でした。

7月1日、道具を入れる小屋をつくりました。キャンプ場の使わなくなったバンガローを分解して組み立てる作業。お父さんたちの力仕事。指揮を執るのは奥井氏。特に大工ではなくても小屋ぐらいつくってしまう知恵や技はこの田舎村に住んでいると自然に身につくものなのでしょうか。米や野菜をつくるだけでなく、炭を焼き、家を協力して建てあげ……こういったことが人と人とのつながりをつくり、ともに生きていく知恵や温かさ、しなやかさをつくり上げてきたのだろうかと感じ入ったとき、戦後の民主主義社会がよくて、日本の古い村社会は悪かったと「○と×」が自分自身にも刷り込まれてきたのだと感じました。そうやって捨ててしまったものの中に大変大切なものがあったのではないかと思います。こうして土を耕し、人々のお世話になることによって、自分の中で知らない内にオフにしてしまったスイッチがオンになるのではないかという期待があります。日本の生活文化や日本人の精神性の中に、起こり来るすべてのものを静かに受け入れていく豊かさがあったと思うのです。

田んぼの中には何種類ものゲンゴロウ、タイコウチ、オタマジャクシが住み始めました。6月18日、田んぼに行くと不思議な卵塊がありました。シュレーゲルアオガエルの卵塊でした。田んぼの脇の溝はすっかり小川になって、ホトケドジョウ（谷戸と呼ばれる山から流れ出す細い川に生息するのだそうですが、県によっては「絶滅危惧種」水産省は「減少種」としています）の稚魚やその他の稚魚も見ることができます。夜には蛍もふわふわと田んぼの上を飛んでいました。トンボもかなり多くの種類が見られます。そのような生き物が湧き上がって来るかのように小さな田んぼに姿を見せてくれ、子どもたちの興味は毎回、膨れあがっていきます。森をつくったときにも感じたように、自然の復元力というか、ありのままの姿になろうとする力は人の思いを遙かに超えています。豊かな生態系の姿を現してくれます。

ここでの活動を幼稚園の課外活動として位置づけ、父親も母親も参加することで家族が丸ごと育ち、子どもたちが「いのち」の不思議への感覚や将来をたくましく生きる技を身につけていける場として提供することを奥井氏ご夫妻とともに願っています。

「いのち」はそれだけで存在することは不可能であって、多くの「いのち」と共存することがその存在のゆえんでもあります。わたしたちが「ワクワク感」に導かれて幼稚園の森から出て山へ、そして里へ向かったとき、そこにはさらに豊かな「いのちのつながり」があり、「いのちの営み」があり、「生活」があり、「生活文化」がありました。それらの継承とつながり、広がりが、持続可能な社会を造り上げ、子どもたちにとって希望のある将来を生み出していくことを願って止みません。

嘉成　頼子（かなり　よりこ）
１９５３年生まれ。まきば幼稚園に12年間勤務し、６年間園長を務め「森づくり」に関わる。２００７年４月より「子どもたちのいのちの原点」を見つめた幼児教育の現場を作り上げるために「森の風ようちえん」を開園予定。

森の学校
――クリシュナムルティのリシヴァリー・スクール

金田　卓也

インドでは古い時代から、人里離れた森の中で導師のもとで寝食をともにしながら学ぶことが理想とされ、「森」に入るとは、スピリチュアルな世界を求めることと同じような意味をもっていました。ラビンドラナート・タゴールが開いたシャンティニケタンという学園もそうした古代からの学びの場を現代に蘇らせたものといえます。クリシュナムルティもいくつかの学校を開きましたが、どの学校も緑に包まれた場所にあります。彼は教育における自然の重要性というものをたびたび繰り返しています。

十分に注意深く木を見つめれば、木の美しさ全体が見えてくる。木の葉や小枝が見え、それらに風が戯れているのが見えてくる。こんなふうに、注意を払えば、ものごとがとてつもなくはっきりと見えるようになるのだ。――クリシュナムルティ（1988、『英知の教育』大野純一訳、春秋社、7頁）

森の教育力

私はクリシュナムルティの学校のひとつであるリシヴァリー・スクールで教えたことがあります。そこはまさに森の中の学校といってよいところでした。息子と娘も高校生のときにこの学校で学びました。息子はこの学校の魅力はその土地にあるとよく話します。学校が素晴らしいのは、社会の喧騒から離れて森の中で友人とともに学び、成長できることであり、そのことが多くの卒業生にとってリシヴァリーでの体験を特別にしているというのです。娘は携帯電話を片時も放すことのできない典型的な日本の女の子でしたが、リシヴァリーで学び始めてひと月もたたないうちに、「ここに来て初めて、沈黙の

写真／佐川通

美しさというものがわかった」という、それまでの彼女の言動からはとても想像もできないようなメールが届き、驚かされました。森は自分を静かに見つめる機会を与えてくれます。娘はそれまでとはすっかり変わってインドから帰国しました。システムやカリキュラムというより、森の中の豊かな自然に囲まれたリシヴァリーという場所のもつ教育力が子どもたちを変えたように思います。

森を作る努力

クリシュナムルティは1本の巨大なバニヤンの木に着目し、この土地に学校を建てることを決意したといわれています。今でこそ、あたり一面緑に囲まれていますが、学校建設が始まった当初は、ほとんど荒地に近く自生の植物がまばらに生えているだけであったといいます。緑の谷というべきリシヴァリーにいると「森の中の学校」だと思うことはあっても、「森を作った学校」だと感じられないほど、学校と森は一体化しています。しかし、はじめからそうであったわけではなく、１９２６年の学校創設以来、長年にわたる水資源の確保と継続的な植林によって、荒れはてた土地を幾種類もの樹木の生い茂る緑豊かな土地に変容させたのです。学校の中に生まれた植生の多様性は生態系をより豊かなものにし、それまでは飛来しなかった鳥たちも呼び込むようになり、リシヴァリーは現在では野鳥保護区として指定されるようになっています。この森の学校は何年もかけた植林という人為的な努力によって実現したものなのです。その精神は今も受け継がれ、自然環境保護に関する関心というものはリシヴァリー・スクールの教育の重要な位置を占めています。

リシヴァリーに滞在してみると実感できることなのですが、木立を吹き抜けるさわやかな風を受け心が洗われる、そんな気持ちになってきます。森に囲まれた環境は生徒たちばかりではなく、ここで教える教師たちの心をも豊かなものにしていることは確かだといえます。

金田　卓也（かねだ　たくや）
専門は芸術と教育。アフガン難民キャンプでボランティア活動。オレゴン大学を経て、現在、大妻女子大学児童学科助教授。インドにあるクリシュナムルティの学校でも教える。国際子ども平和壁画プロジェクト代表。

第2章　森をつくり森と遊ぶ

小学校の森づくり

山之内　義一郎

1　「学校の森」の創始

(1)「川崎の森」づくり

１９８６年、川崎小学校への転任と同時に校舎の一部改築が始まりました。取り壊した校舎跡地の広くなった更地に立って、「ここには森が必要だ！」と気づくと、そこにできる「学校の森」のある風景を想い浮かべ、そのなかで子どもたちが嬉々として遊ぶ姿がイメージされました。とても心がさわいでしかたがありませんでした。その時、私はまったく子どもになりきっていました。

それから「森はどうしてもつくらなければ」という強い想いがつのりました。しかし、学校になぜ森が必要か、という疑問を持つ人も多く、そのなかで森づくりを始めることは、大変困難なことでした。

では原点である「川崎の森」は、どのようにしてつくられたのか、ふり返ってみます。

構想を実現するには、まず関係者の合意が必要であり、簡単ではありません。幸いに心ある指導者との出会いから、推進する準備会がつくられ、学校後援会、同窓会、ＰＴＡなどによる校舎改築記念事業実行委員会という、学校と深いつながりのある人々の集まりが持たれて、ようやく「学校の森」について議論する場ができました。

しかし、雑木林という「学校の森」の提案ではなかなか理解されません。当時の森の認識というのは、燃料（薪・木炭）や木工品・建材という程度で、化石燃料の普及で雑木の価値は失われ、住民には森の豊かな価値という認識はまったくありませんでした。「そんなものになぜ高額な出費が必要か」「雑木でどんな教育ができるのか」といった「学校の森」について否定的なものが大方の意見でした。議論するうちに、森づくりは子どもたちや教師、父母、住民の手作りでするということに強い関心が持たれ始めました。同時にまた、幼少の頃に体験した、自然のなかで過ごした懐かしい思い出をきっかけに、森づくりに大方の理解を得ることができました。こうしてようやく学校と地域の人々との意志疎通ができるようになり、子どもと自然環境にも関心が向けられるようになりました。遂には議論の輪は、資金集めをしてでも学校に「森」をつくろうという考えに変わっていきました。

それからはさまざまな意見を出しあい激しく議論したときとは逆に、募金活動にも森づくりの作業にもみんなが真剣になって取り組みました。作業には子どもたち、教師、父母、住民とみんなが手をかけるので、作業が進むのに伴って森が形作られていく様子が実感され、参加している子どもたちはもちろん、大人や教師にとっても、まさに森と人の「いのち」の「つながり感」を実感できるような体験をすることになりました。

(2) 行動するＰＴＡ会長と校長

ここでは各地の小学校で「森づくり」に行動を起こされた校長やＰＴＡ会長の取り組みについて紹介します。

１９８９年、私は次の転任先の小千谷市立小千谷小学校でも「学校の森」をつくりました。この学校は理科の指定研究中であり、私は「学校の森」づくりがその実践に添うものだと思いましたが、すぐには職員に理解されませんでした。しかし、「川崎の森」には強い関心をもっていたので、実践研究は「谷小《やしょう》の森」づくりと一体になって取り組むことになり、実践活動の熱心なＰＴＡは教職員と一緒になって実行することになりました。

市民に対しては、「森」づくりの生態学的な認識を広めたいと宮脇昭博士の教育講演会を開催しました。その影響もあり行政やＰＴＡはさらに積極的になり、「学校の森」や小動物の放し飼いの「仲良し牧場」など、学校の自然環境の建設や整備を進めました。この自然環境ができると子どもたちはとても喜び、そのふれあいが盛んになりました。新しい自然環境でこれに感応する子どもの心を大切にした学校経営、「情意と知性」の合流を目指した実践をはじめました。

理科研究の発表会にはこれらの実践に強い関心がもたれ、広く県内外の関係者が集まりました。特に今日の理科教育が概念的知識に偏っている現状を克服するものだという、いわゆる「理科嫌い」を克服する実践として注目されました。この成果は１９９１年、手塚郁恵著『森と牧場のある学校』（手塚１９９１）として公刊され、やさしくわかりやすいこの本は小中学生をはじめ86歳のお婆さんまで多くの方に読まれて、感動されたといううれしい反響をいただきました。

岐阜県恵那市立大井第二小学校の木藤修ＰＴＡ会長は、１９９２年、著作を見るとすぐに現地を訪れました。自校にも森をつくりたいと考えられた木藤会長は、見学後は「学校の森」の報告会や講演会を開き、多くの理解を得ながら先頭に立って取り組まれました。

また同じ年の１９９２年に、新潟県の伊米《いめ》が崎《さき》小学校でも「伊米《いめ》が崎《さき》の森」をつくりました。

なぜこんなにも素早い取り組みをされたのだろうか、と不思議にさえ思うほどでした。恐らく今日の学校教育に強い閉塞感を感じ、そこからなかなか抜け出せない悩みを抱いていた校長やＰＴＡ会長の方々ではなかったでしょうか。この本に接して、まるで飛びつくように「学校の森」づくりを始められ、「新しい学校づくりはこれだ！」と真剣になって取り組まれている点は、どの学校にも共通していました。その事例を紹介します。

伊米が崎小学校の牧岡孝校長と桜井英一ＰＴＡ会長は、その本を真っ先に手にされ、感動するとすぐに著者を招いて講演会を開き理解を深めました。学校の近くには豊かな山林があり大きな川も流れ、自然環境に恵まれた地域なのに、山や川に疎遠になっている子どもたちの現実に、親や住民の方々はこの本から一つのヒントを得ていました。もっと身近に「ふるさとの自然」を近づけなければと、親子で土曜、日曜を使って「ふるさとの自然」の「いのち」を頂いて学校の校庭に移植し、幼木の森をつくりました。森づくりの実践は、建設会社を経営するＰＴＡ会長自ら先頭に立ってマウンドをつくり、池づくりも始められました。なぜ6学級の学校でこのように地域をあげ一丸となって取り組むようになったのでしょうか。それにはもう一つの「いのち」の「つながり感」の背景がありました。

その昔、この学校は大正後期の自由主義教育の潮流を受け、成人教育の先がけである「八海自由大学《はっかいじゆうだいがく》」を誕生させました。文化の薫り少ない寒村の

苗木を運ぶ子どもと教師

「伊米が崎の森」を見学する韓国教育視察団

青年たちが中央の第一級の講師から学んだ勉学の気風は今も脈々と伝わっていました。地域社会の「人づくり」の精神が「学校の森」づくりに継承され、「八海自由大学」の再来だと喜ばれました。

1993年5月、「伊米が崎の森」に思いもかけない展開がありました。手塚郁恵著『森と牧場のある学校』を読まれた韓国ピアジェ研究会長の金明子《キム・ミョンジャ》幼稚園長（1995年に手塚の著書を韓国語訳）と朴商玉《パク・サンオク》幼稚園長が新潟の「学校の森」の視察に訪れ、この学校にも立ち寄られました。金《キム》、朴《パク》両園長の訪問を子どもたちや教師、親たちは心をこめて歓迎しました。この行為に深く感激された両園長は、また学校をとりまく美しい自然環境と地域社会にも感動され、帰国後、金園長の計らいで韓国の富川《プッチョン》市富川南初等学校（尹聖起《ユン・ソンギ》校長）と地域ぐるみの親善交流の縁を結ぶことになりました。その年の12月、富川市で友好親善結縁式を挙げました。それ以来、両校と親たちは交互に交流しあい、子どもたちもまたホームステイをして交流を深めています。

三条市の裏館《うらだて》小学校大野源校長も森をつくりました。私の17年間の校長体験を見続けてきた彼は、校長になったらぜひそれを実現したいという強い意志を持っていました。拙著『森をつくった校長』（山之内2001）を読んだ彼は、これを教職員とともに読みあい話しあって実践の共有化につとめ、2001年から4年間をかけて「うらだての森」をつくりました。この学校の森は周囲を校舎に囲まれた中庭にあり、どの教室からも森が見られます。その中庭は子どもたちの最も身近な遊び場で、そこに小さな森（100種・

300本）と岩石83ｔで石組みの池をつくりました。子どもたちはここでいつも森や池の魚、水に住む虫、植物とふれあい遊びました。この学校の森づくりは、子どもたちと教師、親たちのほかに、さまざまな人たちのネットワークで行われました。いわゆる学校を取り巻く人たちの「つながり」を生かして森づくりの意図を共有しているのが特徴です。その代表的な「つながり」の機関をあげると、新潟県の「学校の森づくり事業」、「にいがた緑の百年物語緑化推進委員会」、「やる気！　元気！　総合的学習支援事業」、三条市の「植物いっぱい生き物いっぱい体験学習事業」、「作物づくり体験活動事業」、地域の老人会や自治会など、多くのつながりを生かしています。「学校の森」はこのようにして県内外につくられていきました。

2　子どもは森と友だち

学校に森ができると、自然に感応する子どもたちは信じられないような反応でした。登校するとすぐに森に入って木に話しかけ、対話を始めます。木に会いたくてしかたがない！　という情景です。毎日この様子を見ている教師たちは、「子どもと森は友だちだね！」と言いだすようになりました。森と子どもの「いのち」が一つにつながる情意を大切にすることで、真の知性が身につくことに気づきました。次に川崎小学校の実践例を中心に紹介します。

⑴　初めて出会った森の「いのち」の「つながり感」

「川崎の森」を植え終わったのは、1988年3月末でした。それまでの1年間は「森」のイメージづくりで作業や完成後の期待感をふくらませながら、次の森づくりの具体化に向けたマウンドづくりや植栽方法のレッスンを経て、実行に入りました。それだけに「学校の森」は、木と子どもの「いのち」が一つにつながるのを実感させるものでした。何とそれを証明する出来事は、4月初めの始業式の朝に起こりました。

「学校の森」づくりを提案してみんなで取り組んでみましたが、はたして肝心の子どもたちはそれをどう受けとめるだろうか、確証はありません。当日、私はいつもよりも早く出勤して玄関の奥で身を隠すようにして子どもたちの登校を待ちました。いつもは校門に入ると登校班は班長の解散の号令でそのまま教室へ向かうのですが、その日は違いました。教室ではなくできたばかりの森へ向かってまるで蜘蛛《くも》の子を散らすように走っていきました。自分で植えた木々を探し回っているのか、植えて間もない木が心配なのか、次々に登校する友だちも一緒になって小さな森を走り廻ります。あちこちで「Aさんの木には芽が出ているよ」「ここにも出ている！」と大声を出しながらうれしそうに木々をのぞき込んでいました。

登校するとすぐ森へ「あっ芽が出ている！」

そうした木との出会いは次の日もまた次の日も続けられました。森づくりに手をかけ続けてきた子どもたちは、木の「いのち」にふれて離れられないようになっているようです。そうして、毎日、飽きることもなく木々とのふれあいを続けます。ですから少しの変化も見逃しません。変化に気づくとすぐに友だちや先生に伝えるのです。それは子どもにとって重大な関心事だったのです。

子どもが「森」とふれあうことで、友だちや先生との対話がはずみ、木々との対話がはずむこともとても大きな喜びです。先生が本気になって聞いてやると、子どもはどんな些細な気づきも真剣になって話します。それだけでなく積極的に行動を起こします。本気で聞く気持ちがあると、伝えたい気持ちは強くなり、何でも話したくなるのです。大人には子どものような鋭い感性はありませんが、子どもの身になって受けとめることを続けていると、生き生きした感性を取り戻すようです。子どもの身になった受けとめは、子どもにとっても教師自身にとっても本当の喜びになるのは確かです。

(2) 森の中のメディテーション・ルーム――癒しの場

森のなかによく一人でいる子どもをみかけることがあります。見ると小さな虫を見つけて枯れ葉に包んでいたり、ドングリ拾いや落ち葉を集めたりしています。このように森の中ではさまざまなものとふれあい、そこにいるだけで落ちつき、元気になり、癒されるようです。豊かな自然の森は子どもの心を自由にし、開放感を感じる居場所になっています。

全校朝会で、森の中で遊ぶと仲良しになったという体験を話したことがあります。それからかなり経った日のことです。校長室の前の廊下で賑やかな声がするので出てみると、４年生の子ども５～６人で私に報告に来たのです。「この前、朝会の校長先生のお話は本当でしたよ。僕たちはね、ケンカしたので〝森にいこう！〟と言って森のなかに入りました。森の中にいるうちにだんだんと仲よくなったんです」と。もう一人の子どもは「勉強が嫌になったので森のなかにいたら、何だか勉強したくなってきたので教室へ戻ったんです」と真剣な顔つきで話してくれました。いずれも子どもたちの本当の声であり、森の中の信じられないような体験を意識したようです。確かに森の中にいると、高ぶった心は安らぎ、落ち着いてくるのです。森の中は楽しい遊びの場でもあり、元気の出るところでもあることに改めて気づかされます。

(3) 全校の子どもが交流する森

森の中では誰とでも一緒になって遊ぶ姿が見られるようになりました。近年、子どもの帰宅後の遊びは、遊ぶ場所も時間もめっきり少なくなり、遊んでも学校の延長のように同学年の子どもや一人遊びが増えています。ところが、森の中は子どもの本来の遊びの世界に戻ったように自由に遊ぶ様子がみられます。次はその一例です。

森の中で6年生が木の葉の一枚を採って草笛にして遊んでいると、初めてみる低学年の子どもは、その周りに集まり、見よう見まねで草笛を吹きます。うまく音が出ると次は自然発生的に草笛の合奏？になるのです。またいろいろな吹き方をしてみせると、模倣して新しい試みを始めます。森の中では、子どもたちの関心や興味のおもむくままに、年齢を超えて自由に交流しあい、自由な遊びを創り出し、学び合うのです。

森のある学校では、1年を通して居ながらにして四季の移ろいを感じる自由な心で過ごすことができます。そのうえ狭い森のなかは子ども同士の関係も近づき、年齢を超えて自由なふれあいができるようです。とくに森はバラエティに富んだ四季の自然の移り変わりを体験でき、季節の発見の喜びとともに、そのときどきの遊びを創る楽しさを味わいます。それを通して子ども同士による自由な交流も行われ、感性を育くむのです。

3　子どもの感応を生かす学校経営

(1) 四季の移ろいを生かす教育活動

子どもたちは、森とふれあう時間を十分に確保しただけで、さまざまなことに気づいて発案したり、積極的に行動を起こしたりします。そうした森との自由なふれあいを大切にした学級・学年経営で、学校生活が生き生きするようになった一つの事例を紹介します。

低学年の子どもは、森とのふれあいが続くと、ときどき大人の意表をつくような感応を見せることがあります。そうしたふれあい体験で感得した子どもたちのさまざまな情報は、毎日のように教室に持ち込まれます。教師もまたその情報を受けとめて、とてもユニークな楽しい実践を創りだすのです。子どもと森のふれあい体験を生かす指導というのは、決まったものがあるわけではなく、教師は子どもの感応を学びつつそれに即して指導を工夫していく方法しかありません。教師が子どもと森の「つながり感」のすごさに惹かれるままに創出した「森の誕生会」という1年間の学級・学年経営を見てみましょう。

「森の誕生会は1年に1回では面白くない」「毎月27日を誕生会にしよう」という子どもの提案で、月1回の誕生会を実行することになりました。子どもたちはその日を目指してどんな企画をしたら楽しい誕生会になるか話しあい、誕生会の発表会を開くのです。春の森から夏、秋、冬の季節の移ろいに添って、子どもたちの感応を生かしたアイデアで誕生会を企画するのです。教師もまたそれに刺激されてアドバイスをし、毎月の誕生会を創り出していきます。それはまさに子どもと教師が互いに交流しながら創りだしていくスパイラルな学級・学年経営の展開で、そこには国語あり、音楽あり、体育、図工、道徳…ありで、生き生きした学習を生み出していきます。初めは森の前で、森の成長を観察し続けた一人ひとりの記録の発表や、竣工式で歌った「よろこびの歌」や「森のクマさん」などを歌って楽しみましたが、次の誕生会には、

「川崎の森」ポスター展（高学年）

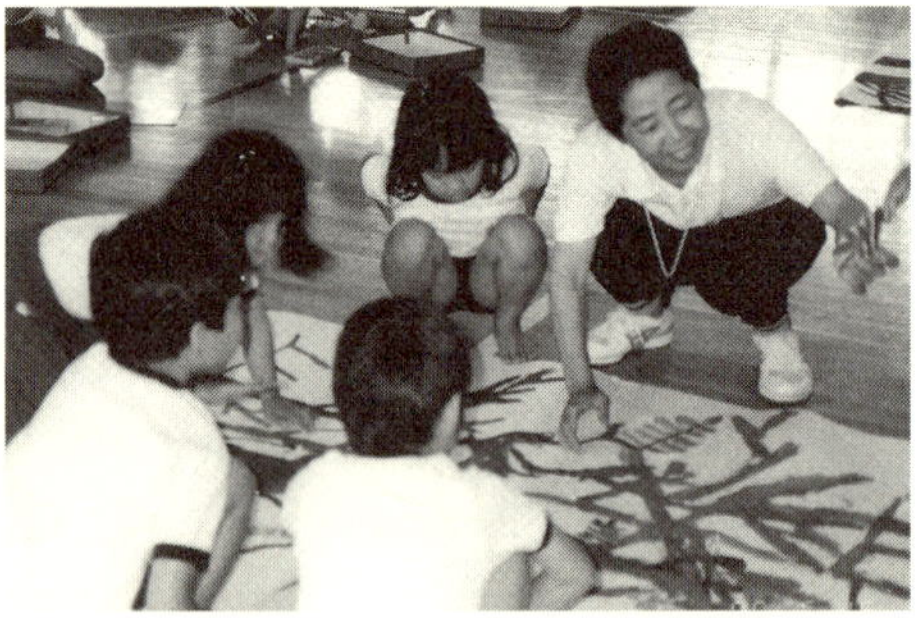

「もみじの集い」発表会にはこれがいいかな！

その喜びをバネにして新しいアイデアを出しあい、工夫していきました。「かわさきの森さん」の詩をつくり、みんなで読み上げたり、誕生会の詩を作り、それにメロディをつけて合唱したりしました。また次の月はその曲に振りつけをしてみんなで踊り、12月は「サンタが川崎の森にやってきた」という劇を発表しました。２月、３月は「森の一生」の劇をつくり、みんなの前で上演して楽しみました。

　このような森とのふれあい体験を中心とした学級経営は、全学年でもその学年らしいアイデアが生かされて春、夏、秋、冬と季節の発見を一つの素材にして教科指導と関連づけて実践されました。川崎の森の「春新聞——花や芽生えの頃」「夏新聞——葉のしげる頃」と秋、冬は「葉の色づく頃」「葉を落とす頃」というように観察体験をもとにした新聞づくりを通して、関連する教科の学習を深めます。またほかの学年でも「花ごよみ新聞」「木の実新聞」をつくり、動物と植物のかかわりを「木の花」と「蜜・実に集まる蝶や昆虫・鳥の関係」、「新しい芽」との関係など森の1年を追いかけて観察します。こうした自己発見の喜びを感得する学級・学年経営が行われると、子どもたちの体験をもとにした教科の学習は、作文、詩、絵、工作、ポスターに詩を入れた作品づくりや、理科、社会科、道徳、生活科、総合学習など、各分野に森のいのちの「つながり感」を生かしてプログラム化します。

　全校で取りくむ活動は、学校周囲の落ち葉拾いと森の保全をかね「落ち葉を森へ返そう！」というキャンペーンを毎秋行い、６年間継続して体験することになります。木の身になって感得する落ち葉拾いは、自然への愛や循環思想を育む基礎体験だと考えます。

このように、四季の変化に即した森とのふれあい体験を経営の中心にしながら、自己発見の喜びを大切にした全教科の学習を深めるのです。

(2) 広がる自然体験

「森」とふれあう活動は、「川崎の森」にたっぷり浸るとともに、次はふれあいの場をさらに広げるように工夫します。低学年では彼らの情意を大切にした「森の誕生会」のイベントを発展させる一方、落ち葉の季節には山古志村の本物のブナ林で、たくさんの落ち葉が積み重なる中の温もりを体感して「川崎の森」との「つながり感」を共有します。また、中・高学年になると知的な発達とともに社会的関心や自然環境への興味が広がるのにつれて、学校に隣接する栖吉川の上流へ探索する研究活動を進めます。低、中学年までは遊び中心だった森との「つながり感」は、森と水源・川との関係など自然環境にも関心を広げ、ゴミ捨てや日常生活の問題点に気づくようにします。「いつしか『川崎の森』に入ると落ち葉を気にせずにいられなくなった」と述懐するような子どもに成長していきます。

(3) 新たな学校文化の発表会と「学校の森」への招待

これまでは1年に1回、図工科や書、家庭科を中心にした作品発表の行事を実施していましたが、前述のように子どもが1年間を通して森とふれあってきた体験が、これだけ楽しいものなら、各学年で実践してきたエッセンスを全校の発表会にしようということになりました。これこそが子どもの創る「学校文化」であり、子どもにとっても親にとっても有意義な発表会になると考えました。開催は秋の11月初め、ちょうど「川崎の森」の紅葉の季節でもあり、「もみじの集い」という新たな文化祭行事になりました。

子どもたちが1年を通して活動した「川崎の森」の紅葉を愛でるとともに、これまで森で遊び、森に学び、森を守り、育てた、「川崎の森」とのふれあい体験を劇化したり、作詩から作曲して合唱・合奏したりします。また、歌にあわせて振りつけをして踊ったり、森に関するクイズや森と環境問題の関係についての意見発表をしたりします。ＰＴＡも「もみじの集い」にふさわしい琴の演奏をするなどして多彩な催しにします。

私たちは、この催しをとおして子どもの成長の実像に深く感動するとともに、森の「いのち」の「つながり感」のひろがりを改めて認識することになりました。また、このように学年独自の森のいのちを生かしたさまざまなふれあい体験を通して全学年で交流しあうことは、広く親や住民と学校文化を共有するための学校の重要な情報発信の場になると思いました。

子どもたちの体験の成果を生かすのはこれだけではありません。「学校の森」の新緑、青葉、紅葉、枯れ木林と、四季折々の美しさで心を和ませ、人の生気を甦らせてくれる森に幼稚園児や老人などを招待します。季節の森にふれてもらうことは、学校と人々をつなぐ大切な教育活動になります。とくに招待する幼稚園児やお年寄りの方々、視察者の案内役には、5年間ものふれあい体験してきた子どもたちが、その体験を語り、説明にあたります。それは彼らの学習成果の発表でもあり、喜びと誇りにもなるのです。

(4)　地域とつながる学校の森

小学校区単位で森をつくる活動は、子や孫の将来を担う学校教育のあり方について、教師だけでなく父母や住民と一緒になって考えていく重要な実践活動です。それは地域社会の自然環境をはじめ、地域社会の「いのち」の「つながり感」を考える大切な機会になるからです。だから「学校の森」が地域社会の人々の文化と深くつながるように、森づくりの目標を共有していかなければなりません。そのためには、まず「学校の森」の保全とその精神性を継承し、普及していくことが必要です。各地に森ができると、末ながく森を守るためにそれぞれの地域社会に次々に「森の会」が生まれています。川崎の森の会、伊米が崎の森の会、南の森の会、樫の森の会、平和の森の会など。このような「森の会」は、森の保全と教育を推進する新たな学校の後援団体であり、新たな教育の発展に大切な働きをすることになります。

もう一つ、新興地域の町内では神社もなくお祭りもできないので、「川崎の森」を町内のお祭り広場にしたいと貸与を希望する町内がありました。そうして、森の広場は夜遅くまでお祭りで賑わいました。それは町民の喜びや結束になるだけでなく、学校との一体感につながる点で大切です。学区内の「学校の森」づくりが、学校を守り、自然を育てる思想の育成を通して、教育を育てる市民の生きた実践になることは確かです。

また次々に生まれる学校の「森の会」は、その学校や地域のためだけでなく、「森の会」同士と連携しあう必要があります。韓国の「学校の森」を支える人たちとも連携することにより「森のいのち」の「つながり感」を共有するだけでなく、日本だけでない学校教育と環境問題の解決のために役立つことができるでしょう。

文献

手塚郁恵（１９９１）『森と牧場のある学校』春秋社
山之内義一郎（２００１）『森をつくった校長』春秋社

ホリスティック医学と森林療法

降矢　英成

ホリスティック医学と森林療法の関連を五つのポイントをあげて検討してみます。

1　癒しを重視する

ホリスティック医学では、その医学観自体に現代医学のシャープな結果第一主義的な価値観とは相対する医学観が存在しています。「ケア」や「癒し」というやや曖昧なものにも価値をつけるような感覚であり、ホリスティック医学では、森林という癒し的な環境で成されるワークが価値を持つことになります。その科学的根拠として、フィトンチッドの芳香成分、緑や木の色などの色彩、鳥のさえずりや小川のせせらぎ、やさしい風の感触など、知識よりもいわゆる五感をとおした感覚・感性への影響によるものが中心となります。

2　自然治癒力を重視する

さらに「自然治癒力」を引き出すという点からも森林の活用をとらえることができます。簡単にいえば、「自然・森林からエネルギーをもらった」というあの感覚です。動物は病気になること自体が自然な生活をしているために少ないとともに、病気になると自然に任せて治しているといわれています。とかく医療でもふだんの生活でも、われわれは「やること」を重視していることが多く、それがかえって「浸ること、味わうこと」を妨げてしまい、表面的になってしまうことで、自然治癒力を増強することから離れてしまう面があることは重要なポイントだと思います。

3　自然・環境を重視する

そして、「自然治癒力を重視する」ことを意識したり、森林の良さを感じるようになることで、自然に「自然・環境」に目が向くようになる傾向があります。これは、単純に日本や地球の森林の現状を理解して自然保護、環境対策に目覚めるといったことだけでなく、「自分と自然との関係」に対する気づきへとつながるということでもあります。「自分が自然の一部であり、つながっている」という、まさにホリスティックな感覚が芽生える契機になるといえるでしょう。

4　人生観・世界観を重視する

健康にとって薬や医療技術などの現実的で表面的なものだけが有用なのではなく、根本として自分の人生観・世界観などの価値観が重要であることにも気づくことが重要です。人生観・世界観にひとつの正解があるわけではなく、その人にあった自然な人生観・世界観を築けているか、そしてその価値観にそった生活（習慣）を送っているかということがかなり重要なポイントになるといえます。この「自分にあった人生観・世界観を築く」ために、室内ではなく「森林で人生観を見直す」ことの意義が大きいと考えられます。

5　成長モデルを重視する

通常の医療が薬や医療技術によって治療するという「治療モデル」のアプローチをとっているのに対して、ホリスティック医学や心療内科では、患者さんが今の病気からのサインをとらえて生活習慣や価値観を変えていく、いわゆる「成長モデル」の治療観に立つことが重要なポイントとなります。言い換えると、ホリスティック医学は患者さんの成長を引き出すという「教育」的なスタンスに立っているのであり、ここにホリスティック医学とホリスティック教育の近似性があるといえます。

降矢　英成（ふるや　えいせい）
赤坂溜池クリニック院長。東京医科大学卒。特定非営利活動法人日本ホリスティック医学協会副会長。森林療法研究会医療部会代表。日本心身医学会認定医。「森林養生プログラム」を清里、草津など各地で実践している。

第3章　中学校の森づくり

教材性の森

佐川　通

1　十日町市立南中学校の森づくり

(1)　子どもたちに元気をとりもどしたい

1996年11月。新潟県十日町市立南中学校に「南の森」が生まれました。
十日町市は信濃川の河岸沿いに開けた町で、妻有《つまり》と呼ばれ、河岸段丘に里山と棚田の広がる美しい地域です。十日町駅に降りると、山の木々の匂い、川のせせらぎ、棚田にゆれる稲穂などが五感に飛び込んできます。祝祭日には、町を歩く着物姿の女性に出会います。

こんな美しい町になぜ「学校の森」なのでしょうか。これから、その物語を紹介しましょう。私が、南中学校に校長として着任したのは、1993年4月、あと4年を残して退職を迎える年でした。二つの課題が待っていました。一つは不登校やいじめ暴力行為などの問題です。二つは、ソフト面から校地の環境を整備することでした。

南中学校の開校は、1967年山間農村地域の六箇《ろっか》中学校と平場住宅地域の川治《かわじ》中学校の統合に始まりました。織物産業の発展に伴って、西小学校の新設、学区の変更・拡大、新しい町内の誕生など、都市化現象の著しい地域でした。私が着任するまでの二十数年間は、急増する子どもたちのために、校舎・グランド・体育館・特別教室などハード面を中心に施設設備が整備されました。しかし、繊維業界のバブルが崩壊すると、発生するいろいろな問題に私たちは直面することになりました。校内の教職員からは、友達関係や学習活動や地域との「つながり感」が切れた生徒が増えてきたという指摘がありました。

この荒れた学校を何とか蘇らせたい。そして子どもたちの元気を取りもどしたい。その切実な思いに答えるヒントが、いくつか見つかりました。まず、森づくりにつながった実践からお話しましょう。

(2)「学校に木蔭がほしい」

「お世話になった学校に何かしてあげましょう」。3年生の学年会で決まったテーマに、「私たちは、部活動や体育の時間の後に休める木蔭がなかった。だから後輩たちのために、木を植えてあげたい」と、中庭の周りにヒバとカシの木を植える計画を立てたクラスがありました。反対意見もありましたが、とうとうその日がやって来て、生徒たちが親と教師と一緒になって、生き生きした顔で植樹活動に取りかかりました。弾む生徒たちの声、親たちの中には、自宅からユンボーを持ち出して堅い土を掘り、生徒たちが樹を植えやすいようにしている人もいました。掘った穴に、生徒が2~3人ずつのグループになって植樹をしていました。その様子を見て私は感銘をうけました。それは、私がそれまで経験したことのない光景でした。

後日談ですが、担任教師と親たちは植えた木が、雪害で折れないように、「ヒバとカシを囲む会」通称

「ヒバカシの会」を結んで、それから4年間もメンテナンスを続けたのでした。生徒は木に将来の夢を重ね、親は子の人生に期待をかけ、教師は子どもたちの成長を楽しみにしていました。その姿に、「学校の枠」を超えた「つながり感」を感じました。この空気が学校の中にみなぎれば、「いい教育的効果をあげるかもしれない」と思いました。

2　子どもと教師と親がつくる森を求めて

(1)　「学校の森」との出会い

1995年、県から補助金をいただいて、後援会顧問の斉木実さんを介して地元造園業者からグランドの西側にケヤキと榆の木、プールサイドにツツジが植えられました。カタログによる樹種の選択、植栽、添え木の取りつけ、木のメンテナンスなど、どれも初めて経験するものでした。しかし、緑化の知識や技術は業者にとどまっていて、生徒が蘇る体験につながらないことを知って残念に思いました。

そんなとき、すばらしい本に出会いました。手塚郁恵さんが書いた『森と牧場のある学校』です。川崎小学校や小千谷小学校の「学校の森」づくりは、私たちがよく知っている山之内義一郎さんが校長を務めた学校でしたので、親しみを感じました。私たちの学校は、たまたま創立30周年が近づいていましたので、教育環境整備の一環として「学校の森」づくりの可能性を後援会長渡邉善平さんに相談したところ、賛成してくれました。NHKの放送で、当時横浜国立大学の宮脇昭教授の「千年の森」の講演を聞いて、その理念と実践に共感されていました。

後援会総会において、学校の中庭に森をつくる方向で検討することが、全会一致で承認されました。これで、必要な資金は後援会が出してくれる目途がたち安心しました。翌１９９６年のＰＴＡ総会において、「学校の森」づくりの事業は正式に決定されました。

私たちは、「学校の森」づくりの構想をしっかりと立てるために、本格的に取り組みました。早速、「川崎の森」をつくった山之内義一郎さんや植栽の技術指導者小日向孝さんにお会いして相談しました。山之内さんからは、「森づくりは頭で考えるのではなく、やってみて、感じて、表現して、それから考えることから始めることです」という助言をいただきました。小日向さんは、「〝百聞は一見に如かず〟です。現場、現場です。まず自然林を観察しませんか」と、森ツアーを勧めてくれました。

当時、私たちの中で「学校の森」を実際に見た人は一人もいませんでした。そこで、１９９５年7月、ＰＴＡの役員と教師合わせて7～8名で森ツアーを行いました。コースは、信濃川の上流付近から始めて、小学校3校と中学校1校の森を見て最後に信濃川が日本海に分水する寺泊町で、地元の森の愛好家と交流する日程でした。森の年齢は1年目から7年目のもので、校庭の一角の狭い場所に密植されていました。私たちが小さいころ校庭の回りに見た桜並木の印象とはまったく異なるものでした。何かわけがありそうでした。また森が植えられた位置や学校の周囲の環境によって、子どもたちの利用度も異なるだろうなという印象をもちました。森には創った人の思いが感じられました。寺泊の森の愛好家から「森は川を育み、ついには海の魚を育てる」という講話を聞いて、山と平野と海の「いのち」は、森と川と人の知恵によって「つながっている」ことを知りました。終わってから、雄大な日本海の夕日を眺めていたとき、良寛さんの庵がある国上山が見えました。森の中で子どもらと遊ぶ良寛さんの姿が、ふと浮かびました。

小さい頃、森や川で遅くまで遊んだ思い出が蘇ってきました。「森には、いい教育的効果をあげる何かがある」と、強く思いました。

森ツアーから帰る途中で、ＰＴＡの人から「雪の少ない地域の森は見ましたが、十日町は豪雪地域です。森は雪に大丈夫ですか」と質問されました。そこで、後日私は小日向さんに案内してもらって、山古志村の自然林や長野県との境にある妙法牧場周辺の原生林を見てきました。本物のブナ林は〝群落〟を形成して、４ｍを越える雪が降ってもびくともしない迫力がありました。森の中に入るのに苦労しました。最初に小動物が入るのを拒むかのような小さな藪があり、次に体にぴしぴしと当たる柴木が密生していて、それをやっと通り抜けたところに、突然鍾乳洞のような別世界の空間が広がっていました。震撼としたフィートンチットに包まれた森の世界です。私の五感がひとりでに開いて、森の霊気をいっぱいに吸い込んでいるのを感じました。ゆっくりと息を吸い、ゆっくりと吐きながら落ち葉を踏みしめていると、自分と自然との境が薄れて行くのを感じました。そのとき、地球の「いのち」を今日まで保ち続けてきたのは森だ！と思いました。人間は自然の前に、もっと謙虚にならなければならないと思いました。山を降りるときは、私は懐かしい人に出会った後のような、ほっとした気持ちと充実感に満たされていました。

私のこころの中にあった「森をつくれば」というストレートな発想はいつの間にか消えて、自然の森には「計り知れない何かがある」のを感じました。

3　「南の森」が誕生しました

森をつくるなら、どの教室からも見える中庭にしたいと思っていました。それは、「シバカシの会」の生徒が注目した場所です。生徒が日常的に森に触れ、森と親しむ体験を通して、「つながり感」を育んでほしいと考え、三つの目標を立てました。①自分自身の体と心と精神との「つながり」、②学校と地域の「つながり」、③人間と自然との「つながり」を生かして、持続可能な社会や精神性を創出する人間になってほしい。

「学校の森」づくりが本格的に始まりました。その過程を振り返ってみましょう。

(1)「森づくり実行委員会」発足

１９９６年６月７日「森づくり整備委員会」（委員長高橋久光さん）が発足しました。これは、学校、後援会、ＰＴＡ、同窓会、部活振興後援会の代表からなる組織で、実務はＰＴＡの人たちが中心になって作業を進めました。森づくりの推進の中枢部です。

植栽直前の様子

「木の植え方」学習会。親も教師も生徒も熱心にQ&A

降雪前に植樹が完成することを目ざして、作業スケジュールが作られました。植栽日は11月7日と決定されました。そして、マウンドづくり、表土づくり、植樹マップの作成、苗木搬入、植栽、わらしき、冬囲いなど、作業日程が明らかになりました。

どんな種類の木をどのように植えるかについては、専門家の小日向さんにお願いしました。南中学校を中心に半径５km圏、海抜１５８・５ｍか

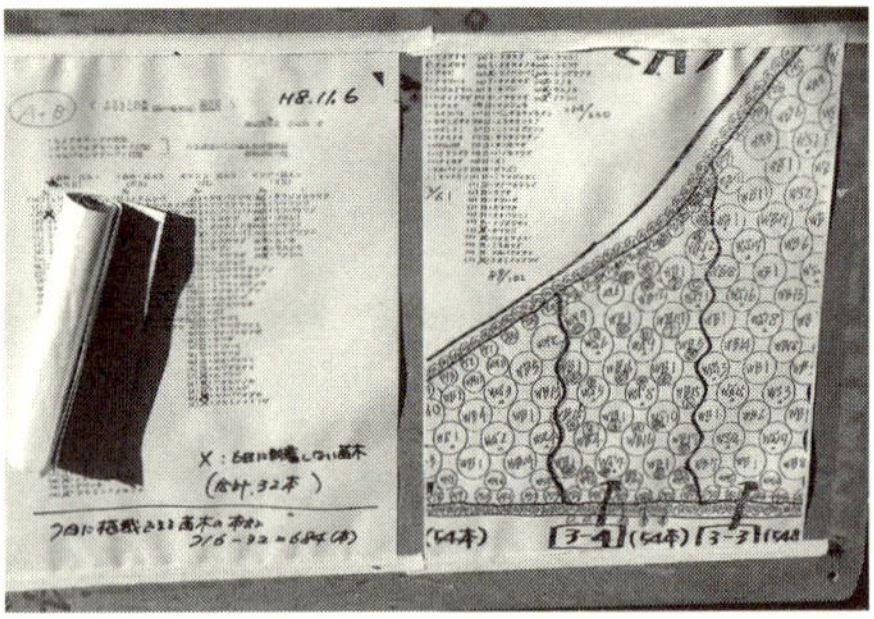

ぼくの木・わたしの木の植栽マップ

ら６９９・５ｍの植生が、生態学的、植物社会学的に調査されました。そして土地本来の樹種が94種選ばれ、その中から予定では７２０本の木が７５０㎢のマウンドに植えられることになりました。その仕組みは、中央部に高木、外周部のマントに日当たりを好む落葉樹、外縁のソデには低木や草本類が組み合わされました。母体となるマウンドは、菌類や微生物が繁殖するように、表層土にもみ殻と腐葉土が混ぜられました。この作業は生徒たちがスコップをふるって行いました。彼らは、タヌキや鳥や昆虫が現れるのを楽しみにしていると笑いながら話してくれました。

森づくり整備委員会のスタッフは、地域の人間関係に通じていたので、地の利、人の利を生かして、精力的に作業を進めました。表土の土砂の提供を地主にお願いする、砂利をダンプで運んでもらう、植栽後の支柱の竹棒や細木をお願いする、記念碑の原石を安価に刻んでくれる石屋さんを探すなど仕事は順調に進められました。支柱の材料集めに校区を回った長谷川浩司教頭は、ある家の玄関先に竹棒が用意された添え書きに、「ご苦労様です。子どもたちのために、いい森を作ってください」と書いてあるのを見て、思わず目頭が熱くなったと語っていました。森づくりの作業を通して、学校と地域との「つながり感」が、ぐっと近くなった感じを受けました。

(2)　ぼくの木、わたしの木が生まれた

とうとう植栽当日がやってきました。苗木の植栽は混乱なく終了しました。事前の説明会で、教師と生徒

のリーダーと植栽を希望するＰＴＡの人たちは、「どんな木を、どこに、どのように植えるのか」について研修を行いました。生徒たちは、学級で情報を交換しあい、一人ひとりが「ぼくの木」「わたしの木」を決めました。ふだんの授業と並行しながら、1時間目から3年生、2年生、1年生の順に、生徒たちの植栽が行われました。作業が順調に進んだので、予定していなかったマウンドの周りの土止め作業まで行いました。植えられた木には、一本一本支柱が添えられました。そして、木の葉の役をはたす稲わらが樹間にびっしりと敷かれました。

森づくりに参加した生徒たちは、当初からよい反応を返してきました。

「木は何年たてば大きくなるかが知りたかったから、頑張って肥やし袋をならべました。汗をかいているときは、早く木が育つようにと思いながら仕事をしていました。11月には木を植えるけれど、私はとても楽しみです」。（1年生）

植栽の日

「私は最初、森なんかいらないと思っていた。でも、実際に土を入れ、肥料を土に混ぜていたら、森を本当につくりたいという実感がわいてきました」。（3年生）

「教室に戻り、窓越に、さっき植えた木を見ました。はげ山のようでした。この森が大きくなるには、何十年もかかるという話です。ふだん何気なく見ている森も、何十年何百年かかっているのだなと思いました」。（2年生）

「南中で森づくりと聞いて本当にうれしかったです。今本当に自

木の葉のかわりの稲わら引き

然破壊をして、鳥も住めなく絶滅動物も多くなっています。南中の森も何十年もすれば鳥がやってくるでしょう。何百年もたてば、教室から見える風景も木々で見えなくなるでしょう。私はうれしいです。私たちが卒業する前に、自分たちの手で植えたことです。きっとこれから一生自慢できる宝物になると思います」。(3年生)

「まだ小さい森ですが、山林のようになるまでは、30年くらいかかると思います。その頃僕はどうなっているでしょうか。この森はきっと僕の成長を見守ってくれるでしょう」。(3年生)

「囲いを外すために森の中へ入ったら、葉が青々としていて枝から芽が出ていました。もう外に出ても暖かくて、春が来たんだなと思いました。こういうふうに春を感じたのは初めてだったので、少しうれしかったです」。(2年生)

生徒たちは、教科書から学ぶものとは違う「何か」を、つかみとっていました。子どもたちの「いのち」と木々の「いのち」との「つながり感」が生まれました。不登校の生徒の中に、森と遊びたいために友達と担任の教師に連れられて登校する子どももでてきました。私たちがねらった教育効果が、いい形で現れ始めました。

(3) 森への思いを記録に

○森の卒業式

12月、森づくりが無事に終わって、森づくり整備委員会はほっとした解放感に包まれていました。

森づくりの作業の過程を振り返っている内に、作業の際に頼もしい存在だった3年生に、思い出に残る卒業式にしてあげたい。それにはどうしたらよいかと、いろいろな意見が交わされました。在校生からお礼のことばを述べる、校長が森の卒業証書を出すなどです。どれも何か足りない感じがしました。そのとき、スタッフの一人から「森が生徒にメッセージを渡す」のはどうだろうかというアイディアが出されました。そして生まれたのが「森の卒業式」です。主役として頑張った生徒たちに、森から「メッセージ」と「ブナのコースター」がプレゼントされました。この感動は森づくりにかかわった子どもたちに3年間続けられました。

○森の記録

「南の森」の側に、タイムカプセルが埋められました。子どもたちは森づくりで得た体験と記録を納めました。10年後あるいは30年後に、またここへ集まろうと話しあっていました。さらに記念碑が建立されました。この碑文は、生徒、教師、地域に募って、森づくり整備委員会が編集しました。揮毫は、第20回卒業生の中沢理恵子さんでした。

「未来をみつめ、森をつくり、森に学び、森とともに生きよう」。

○教師の感想

子ども、父母、地域の人たちの「学校の森」への反響は、教師たちの見方考え方にも変化をもらしました。

「すばらしいイベントでした。子どもたちが生き生きしていました」。

「森づくりを通して、たくさんの人とのかかわりや自然界の知識が増えたような気がします」。「生徒を植栽のリーダー研修会に参加させたことによって、生徒の意欲を向上させることができてよかった」。

○「森の祭」誕生

〈春祭り〉　生徒会は、翌年「春祭り」も計画し、参加した市民と一緒に、新緑の森の中で、絵を描いたり、詩をつくったり、植物を観察したりして楽しみました。

〈秋祭り〉　「文化祭」は、生徒会の提案で今年から「森の秋祭り」とネーミングを改められました。例年通りの習字、美術、技術家庭科の作品発表に加えて、生徒たちが撮った「森の写真」がＰＴＡの方の協力でカラープリントされて掲示されました。また、生徒も親も体験できるコーナーとして、地域産業のタオル人形、米粉で作る民芸品「チンコロ」、機織り、友禅染めなどが開かれました。紅葉した「南の森」が歓迎してくれました。

生徒たちの学習発表会は、親や地域が参加する「文化の祭り」に変わってきました。聞く・見るだけの活動が、親や地域の人が参加して、生徒と一緒に文化を楽しむ祭りに変わってきました。

4　「南の森」を活かす学校経営

(1)　森に誘われて

「子どもたちに元気を取り戻してほしい」「私たちも蘇りたい」。「南の森」のあるキャンパスで、新鮮な空気で学校生活が始まりました。森が大きく生長すると、生徒たちと教師が朝学校に来て出会うのは、中庭の森の木々や空の色や森の匂いです。そして教室に居ながら、森の四季を楽しみ、その変化に驚き、そして心が癒される日々を迎えるようになるでしょう。「南の森」ができてから、学校の風景がゆっくりと変わってきました。

森に住みついた生き物を最初に発見したのは、子どもたちでした。「小さい虫がいっぱい出てきた。クモがいる、ミミズがいる、蛇も出てきた！　蜂が出てきたぞ、危ない！　鳩が2羽住みついた」。近所のおばさんから「タヌキの親子が、毎朝『南の森』へ通ってきますよ」という話を聞きました。

森の「いのち」は、求心的にいろんな「いのち」と「つながり」始めました。幼児が遠足に、小学生が総合学習に、お年寄りが散歩に来るようになりました。スーパー店で万引きをした生徒に「君の学校は森をつくった学校じゃない

「南の森」のカレンダー

〈生徒会〉
4月……南の春祭り・冬囲い外し
5月……森の身体測定
7月……草取り
8月……森のCM（学級・学年）
10月……森の写真撮り、森の詩集、本づくり、南の森で歌おう、南の森で弁当を食べよう
11月……木の葉返し・森の写真展、森のパック画、森の冬囲い
1月……雪像づくり
〈教科〉
4月……巣箱づくり（技）・みんなで森のスケッチ（美）・森の音探し（音）
9月……カナダとインターネットで交信（英）
10月……保育園児の南の森への招待（家）
11月……森の創作ダンス（体）、食物連鎖と生物のつながり（理）、
1月……地球規模の環境破壊（社）

か」と心を込めて店主に諭され、「校長先生すいませんでした」と謝りにきた親子の顔。「南中は、いいことをしてくれましたね」と、南の森の写真集を買って孫のいる家を一軒一軒まわって配ってくれたおばあさん。「あなたの学校の便所を掃除させてください」とトイレ掃除に来てくれた企業の人たち。「学校の悩みは地域の悩み、学校の喜びは地域の喜びです」とフォーラムを開いてくれた「まちづくり」の人たち。「生徒に森の『いのち』の鼓動を聞かせて上げてください」と、聴診器を送ってくれた寺泊の森の愛好家。トロントで客員教授として研究中の中川吉晴さんから、カナダの教員からメール交換をしたいという申し出があったという連絡がありました。

そして、このいい反響は生徒や卒業生の愛校心を燃やし、ＰＴＡや地域の人たちの関心を高めました。新1年生の入学式に「誓いのことば」の中で「中学校には、〝いじめ〟があるから心配です」と言った代表の生徒が、3年後、森を植えてマスコミの取材を受けたときに「私たちの学校には、森があります。森は、私たちの自慢です」と胸をはって答えていました。

後日談ですが、20歳になった卒業生が、成人式後に恩師を迎えてクラス会を開き、中学校の生活と森の思い出を納めたカプセルを開きました。そして「当時は幼すぎてわからなかったが、森づくりが他の学校にも広がっているのを知って大変にうれしい」（卒業生福崎千恵子さん）と喜んでいまし

森の秋まつり　“みなみ風”合唱団と、生徒による野点

た。ＰＴＡ副会長の西野三代子さんは、親も子どもたちと同じステージに立って教育に参加しようと、父母と教師で〝みなみ風〟合唱団をつくりました。創立30周年記念（ＰＴＡ会長高波益勇さん）のアトラクションに続いて、毎年「森の秋祭り」になると、生徒と一緒に合唱団の歌声を響かせています。同窓会（会長渡邊嘉平さん）は森の記念碑を建ててくれました。森づくりのいい反響が多いのには、本当に驚きました。「学校の森」のもつ多様な顔に出会った感じがしました。

(2)　教科カリキュラムを開く道

森を活かす研究が、教科、領域などで行われました。学級活動では、関口芳平学級は学校生活の中心となってきた森に感謝の気持ちを現そうと、生徒たちが「南の森」をテーマに作詞、作曲をしてＣＤをつくりました。国語科では、子どもたちを森の中に入れて、詩をつくりました。技術家庭科では、同じ食材で同じメニューの食事をつくってきましたが、「森で弁当を食べよう」とい

たくさんの木がある
高い木もあれば小さい木もある
みんな夏の暑い
太陽を浴びて
みんな人間のように揺れている

たくさんの木がある
緑の葉に囲まれて
みんな人間のように
高い空を見上げているようだ
にこにこ笑っているみたいだ
まるで人間と同じような森だ

たくさんの木がある
雨の滴に囲まれて
みんな大きな輪を作って
人間のように
傘をさしているようだ
まるで人間と同じような森だ
（2年生女子）

うテーマで調理をさせたところ、いろいろと工夫され楽しい食事会ができました。
また、総合学習の移行に備えて、「十日町雪祭り」の実践（参照吉田１９９９：66-74）など、「テーマ学習」が行なわれました。ここで、理科授業の実践を紹介しましょう。

理科担当の乙川尚史教諭は、「南の森」を「教材としての森」としてとらえ、3年第2分野「生物界でのつながり」で有効活用できるのではないか。さらに地域の環境問題にまで発展するのではないかと考え、次のような授業を行ないました。

それまで、教科・道徳・特別活動の中で別々に取り扱われていた森に関する教材を、共通テーマ「生物のつながり」の下に位置づけました。これによって、生徒が学習する目標が一つになりわかりやすくなりました。また関係担当教師から指導の連携や協力を得られることになりました。

実際の授業では、「土の中に含まれている有機物を、無機物に分解するものは何か」を確かめる実験が行なわれました。まず生徒は、実験に用いる有機物を含む土を、里山の「二六《にろく》公園」のブナの林、「南の森」、校庭から採取してきました。それをデンプンに溶かした寒天培地の中心に置き、数日たってからそれに沃素液をかけたところ、分解者の働きでデンプンがなくなっていました。それは、採取してきた場所によって違いがあることが確認されました。そこで、生徒たちに「なぜ、デンプンがなくなったのか」を考えさせました。

最初生徒は、「土が、デンプンを吸い取ったのではないか」と予想するものが多かったが、班ごとに話しあいをしていくうちに、一人の生徒が国語の授業の話（宮脇昭先生の「自然のシステムに学ぶ」）を思い出して、微生物との「つながり」を全体の前で発表しました。その発言がきっかけになって、生徒たちの考えがガラっと変わりました。国語の授業と「つながり」が活かされた瞬間でした。

この授業が終わってから、県教育委員会の指導主事から、次のような指導がありました。

「学習指導に従った授業としてはいいのですが、あなたの学校には、すばらしい〝南の森〟があるじゃありませんか。その森は、まだ小さい森ですが、やがて数十年たてば土質の調査に行った『二六公園』のブナの森のようになります。あのようにすばらしい森になるには、なにか秘密があるに違いない。ブナの林の中を野鳥の声を聴き、森の匂い、土の香りを楽しみながら散策すれば、生徒はそれを五感で感じ取ってきたと思います。足元のふかふかとした枯葉をちょっと棒でつつくだけで、上の層は葉の形はあるが下の層を掘り下げていくと葉が微生物によって分解されて黒くなっているのが容易にわかったと思います。森の『いのち』の『つながり』を全体として感得する、いいきっかけになったと思います。

森をテーマにして、教科・道徳・特別活動の教材の『つながり』を活かそうとした試みは大変おもしろかったのですが、教材から教材性への広がりを積極的にどう生かすかが、この授業では大事だったのではないでしょうか。『森』は、実に魅力のある教材ですね。たくさんのことを気づかせてもらい、私も大変勉強になりました」。

(3)　学校と地域の関係性をどう持続するか

２００６年5月、仙台市の友達を十日町市の「南の森」へ案内しました。南中学校の林克宏教頭は、先に立って森について語ってくれました。

「この森は、子どもたちと地域の人たちと教師が一つになって創った森です。現在私たちは、この森を楽しんでいます。森は三つの時期を経て育ってきました。一つは森を植栽した人たちの汗のお陰、二つは草取りや雪囲いなど森のメンテナンスをしてくれた人たちの奉仕、そして木々の枝が重なって森らしくなってきた現在の森です。いま森は、生徒の活動や教科の時間に日常的に活用されています」と、例を挙げて説明してくれました。熱心に語る教頭さんの声に、森が喜んでいるなと感じました。そして、森に10年の物語ができたことをうれしく思いました。森を支えてきてくれた「南の森の会」（会長滝沢義家さん。森をつくった当時のＰＴＡ会長）の人たちの深い愛に感謝しました。短い年月の間に、千余人の生徒が「南の森」を友だちにして卒業していきました。中には、きっと森を生涯の友にして暮らす人がでるはずです。

地域の人たちは、小さい頃から森で友達と鬼ごっこをしたり、親の仕事を手伝って育ちました。雪が消えて春を待つ気持ち、もえ黄色に芽吹く山の木々、棚田と森のコントラスト風景、自分だけしか知らないキノコのある秋の山。森の存在は、言葉にならないほど、一人ひとりの内面世界と深くつながっていました。「南の森」づくりに参加したとき、休眠していた森の何かが、地域の人たちの心に一気に蘇ってきました。そしていまは、化石燃料の普及に伴って入らなくなった森には、２５０年から３００年も生き続けるエネルギーがあり、たくさんの人間の「いのち」につながる機能（生態的、社会的・文化的、経済的、身体・心理的、精神的）があることを改めて知ると、それを、学校の中で子どもたちの教育に生かしてほしいと望むようになりました。その願いや祈りが、「南の森」に込められているのでした。

森ができると、その志を学校と地域の中に「つなげる」には、どうしたらよいか悩みました。教職員には異動があります。親は、子どもが卒業すると学校へ来にくくなります。「南の森の会」は、「森」の意味を、持続可能な社会や精神性の創出にどう生かしていくか、地域と学校が知恵をしぼって創った会でした。

中学校は、教科指導、部活動、生徒指導の手が抜けませんが、「南の森の会」の後押しを活かして、「子どもと地域と森をつなぐ教材性」を開発していけば、教科カリキュラムを再構成する道が開かれると考えます。

(4) 聖籠《せいろう》中学校の学校づくり

新潟県北蒲原郡《きたかんばらぐん》聖籠町《せいろうまち》の手島勇平教育長は、2校あった中学校を1校に統合するにあたって、まったく新しい構想で町の教育改革に取組みました。一つは、「オープン・スペース」の「教科センター方式」による学校建築の試みでした。もう一つは、「学校の森」を備えた本格的な学校建築でした。

これまでの教科ごとに教師がやってくるのを生徒が「待って授業を受ける」方式をやめ、教科ごとの教室に生徒自らが「出向いて学ぶ」方式に改めました。教科ごとの教室も広いスペースを使って、設備（インターネットや実験設備、資料など）を教科ごとに集中的に揃えた独特の形式でした。

さらに、手島さんは、日本ホリスティック教育協会が主催した「「いのち」の「つながり」を活かす教育」のセミナーに出席し、「川崎の森」の実地見学や講義に参加され「学校の森」による教育改革にも共感されました。「学校の森」は、敷地の北側の一角に面積4500㎡に潜在自然植生を活かした132種、2673本の木々が植えられました。苗木は、幼稚園・小・中学校の子どもと親が、拾ったドングリから栽培し、幼木となった3年後に植栽されました。さらに校地を取り巻く広いスペースにも潜存自然植生の「ふるさとの木」を植栽しました。園児と父母が植栽する日に、山之内義一郎さんと私も参加してきました。終わってから、ある父親は「中学校は遠い存在だったが、今日子どもと一緒に木を植えてから、とても身近に感じました。この木が大きくなって、中学生になる我が子を迎えてくれるのかと思うと、私たち親も夢がふくらみます。」と話してくれました。学校に親子で一本の木を植えた体験が、これほどまでに子どもと学校、家庭と学校をつなぐ喜びになるのかと感動しました。

住民たちは、さらに学校と地域との積極的な交流を望んで、親しみのもてる学校にしたいと、施設面で、「地域交流ゾーン」を設け「地域の応援団」の拠点にしました。

聖籠町の求める学校教育は、人生の喜びを作り上げるためにあるのだという基本的なスタンスがあります。しかし、中学校は教科システムが強く、地域が二分される問題を「学校の森」で一つにつなぐ経営が根づくまでは、時間が必要です。それを学校と地域がどのように創出していくかが今後の課題です。

(5)　朝風呂の気づき

私が森づくりの内面的な意味に気づいたのは、実は退職して3ヵ月ほどたったある日のことでした。私は朝の半身浴をゆっくりと楽しんでから、「学校の森」の完成を記念して作った『南の森――十日町市立南中学校実践記録写真集』を見ていました。その中の一枚の写真に、森の生長を計測する子どもたちと指導にあたった地域の森林組合の林正浩さんが写っていました。それを見ているうちにハッとしました。森が子どもたちと一緒に喜んでいる姿が写っていました。森と子どもたちが魂を分け合った仲間として遊んでいるように見えたのです。その光景を見て〝教育効果〟とは別口から、森の意味がストンと入ってきました。それは、自然教育の効用だとか、環境教育の必要性といった理屈とは「別口」のすがすがしいものでした。子どもたちを蘇らせたいという一念で森づくりをしている内に、実は森も元気になっているのに気づきました。いつの間にか自分自身の中に、子どもと森、森と地域の人が一つに見える「つながり感」が宿っていたことに、そのとき初めて気づきました。

これまで私は、教育改革とは教師が何かを子どもたちに教えて引き出すものだと思い込んでいました。気づいてみたら、子どもと森と大人、人間と自然と社会は、初めから一つの「いのち」だったのです。新潟中越大地震で、山が裂け、川が止まり、家が傾き、不幸にもいのちを奪われた人もいました。その中から、私たちは自力で蘇ってくる「いのち」に気づきました。復興の過程で私は、家族への思い、地域との「つながり感」、山と森と水に恵まれた里山が、自力で快復してくる姿を見てきました。それで、ふるさとと魚沼が新潟が大好きになりました。これは、もう一つの大きな別口の気づきでした。

文献

佐川通（2003）「『いのち』のつながりを活かす『学校の森づくり』」『ホリスティック教育ガイドブック』せせらぎ出版

日本ホリスティック教育協会（2000）「季刊ホリスティック教育」第15号

平野勝巳（1996）『夢見る教育』清流出版

吉田敦彦（1999）『ホリスティック教育論／日本の動向と思想の地平』日本評論社

佐川　通（さがわ　とおる）編者／日本ホリスティック教育協会運営委員／NPO法人学校の森副理事長

1937年生まれ。新潟大学教育学部教育心理学科卒業。35年間新潟県中学校教育に従事。「学校の森」づくりを通して、学校現場から教育科学のあり方や教育の方向性について研究している。

韓国の「学校の森」

宋　珉煐

韓国では1998年に政府機関と企業、市民とが一緒になって「森」づくりの国民的運動を起こしました。「生命の森国民運動」と称しています。

翌年の1999年に「生命の森国民運動」(FOREST FOR LIFE)の傘下で、学校に木を植えて森をつくる「『学校の森』づくり国民運動」が始められました。青少年たちが緑の自然環境で教育が受けられるように、学校に木を植える国民運動です。「学校の森」づくりに児童生徒や教師、親たち、地域住民などが参加して連帯感を高めるとともに、児童生徒に体験的な環境教育をしながら全人として育成する運動です。

「学校の森」づくりは、1999年、日本の新潟地域の「学校の森」を視察してから、「学校の森」をつくるのを支援する「学校の森委員会」をつくり、運営しています。

「学校の森」示範学校の運営

(社)「生命の森」傘下の「学校の森委員会」では、毎年、全国的に公募して、一定数の学校を選定します。選定された学校には、3年間にわたり年間1000万ウオン(約100万円)を「学校の森」づくりのために援助します。

「学校の森委員会」は、青少年たちの健全な心性を養成するための、緑の教育環境をつくる目的のために、全国の小、中、高校、特殊学校(養護学校)を対象に選んできました。これまで616校を「学校の森」の示範学校(模範になる学校)として支援してきました。

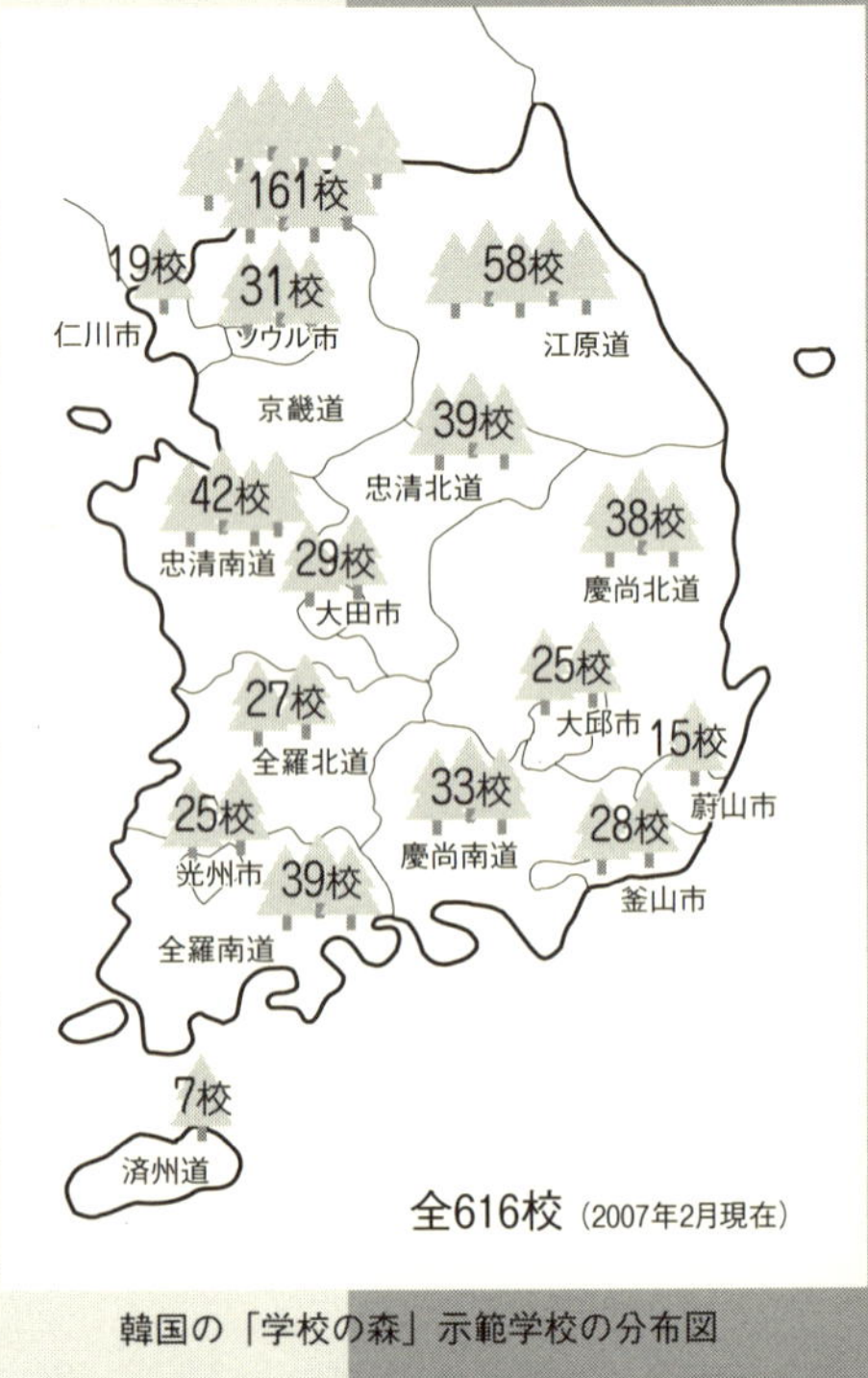

韓国の「学校の森」示範学校の分布図

示範学校に選ばれると、「学校の森」の造成設計や樹木の植栽について、技術支援や教師、父母、児童生徒などを対象にした教育プログラムと教材支援を受けることができます。

つまり、示範学校を支援するチームのチーム長、技術部チーム長は、その学校の校長や担当教師、学校職員たちと協力し、協議して「学校の森」のマスタープランを作成します。学校では校長や教師、父母、児童生徒などが構成員になって「学校の森委員会」をつくり、みなさんが希望する「学校の森」について、意見をとりまとめます。また支援チーム長や技術部長は、その意見にそって「学校の森」の計画立案を行い、実行には、校長をはじめ教師や児童生徒の全員で主体的に進めていきます。

3年間かけてつくるマスタープランは、各年度の春と秋に造成した詳細な計画をつくり、春植栽（3～5月）、秋植栽（10～11月）計画を、「学校の森」委員会に提出します。

地域自治団体とともにつくる「学校の森」

韓国の首都圏にある京畿道《キョンギド》は、地域自治団体との協力、援助がうまくいっている地域です。京畿道水原《スウォン》市は2004年、緑地の不足な小学校と中学校の16校に、緑地をつくる経費として1校ごとに1億ウオン（約1000万円）を援助しています。京畿道富川《ブチョン》市では2002年から8億ウオン余（約8000万円）の予算で富川情報産業高等学校など22校に、2004年には7校にも援助しました。コンクリート中心の校庭に緑の森をつくり、教育環境の画期的な改善を進め、生徒たちに情緒の安定と心身の休息のための空間として利用されるなどよい反応を得ています。

京畿道城南《ソンナム》市の柏見《バクヒョン》初等学校では、15企業の協賛を受けて「学校の森」をつくりました。この学校は韓国SBS放送局の「Change Korea 開かれた壁プロジェクト」に選ばれ、全面、垣根をなくした「香りが漂う登校の道、不思議な木の国、望ましい学習広場と進入広場、楽しみが湧く遊び場と記憶の垣根」という自然のなかで鍛練や遊びができる空間をつくりました。

韓国の「学校の森」づくりは、日々その広さと深さがつのる教育革新の重要な要素になっています。

宋　珉煐（ソン・ミンヨン）
1960年生まれ。韓国・延世大学校教育大学院修了。日本、東北大学・宮城教育大学大学院修了。日本、首都大学東京（前・東京都立大学）大学院で博士学位取得（教育学博士）。韓国ホリスティック教育学会副会長。（社）生命の森国民運動指導委員。

第4章　高等学校の森づくり

森づくりと地球にやさしいエンジニアの育成

飯尾　美行

1　「城北の森」ができるまで

⑴　なぜ工業高校における森づくりか

なぜ工業高校における環境教育活動において森づくりを大切と考えたかというと、私には二つの大きな理由があったように思います。

まず第一に、環境や自然に負荷をかけ続けてきた日本の「ものづくり」であるからこそ、きれいな水や豊かな自然を育む「森づくり」は、工業教育にとって大きな意味があり、地域社会にとっても、また、21世紀を生きる子どもたちにとっても、「未来へのメッセージ」となると考えたからです。

第二の理由としては、最初に赴任した浜松工業高校の定時制では、私は週末の授業が終わると、いつしか生徒たちと近くの天竜川や中田島砂丘に出かけ、一緒に夜釣りを楽しんだり星空を見てはいろいろなことを話しあったりするようになりました。そうする中で、私は、コミュニケーションがとれなかった生徒とも自然な形でつながりを深められることを知りました。自然とのつながりが人とのつながりにも通じるという私の教師としての実感が、心理学的なアプローチを加えた、より効果的な環境教育への取り組みの原動力となったのです。そして、新潟県で心の教育と森づくりを通してホリスティック教育をされていた佐川通先生（十日町市立南中学校元校長）を訪ねたことが、森づくりによる環境教育を推進する直接的なきっかけとなりました。

(2) 森づくりは学校教育全体に新たな変化を及ぼす可能性を持っている！

私は、２０００年2月25日、雪の降り積もる中、信濃川を近くに見る十日町市立南中学校（１９６７年開校）を訪ねました。豪雪地帯にある学校の中庭に4年前につくられた「南の森」（１００種類：８００本）は、すっぽりと雪におおわれていました。しかし、「森を通して自然に親しみ、理解することができる」「自然を大切にする心を育成できる」「森を通して心が癒され精神的安定が得られる。また、森を通して生徒の情操教育がはかれる」「地域の人々に親しまれ喜ばれる学校になれる」という佐川先生の「南の森」についてのご説明は、私が考えていた心理学的アプローチを加えた環境教育および本校の環境教育のシンボルとしてのコンセプトにぴったりと一致していました。私は、今後の本校の環境教育にとって、「学校の森づくり」は最もふさわしい活動であると直感しました。

さらに、佐川先生の持つ温かな教師としての心と人格にふれ、「学校の森づくり」には学校の教育全体に大きな変化を及ぼす可能性があると確信しました。

そして、その夜、佐川先生と一緒に長岡市で開かれた教育者の研究会で、「学校の森」づくりの先駆者であられる山之内義一郎先生にもお会いすることができ「学校の森づくり」のすばらしさを心から感じ取ることができました。

(3) 新たな環境教育の始まりとしての「城北の森」づくり

「城北の森」づくりは、佐川先生の全面的な協力を得てすすめられました。本校の周辺半径５㎞、約30ヵ所で潜在自然植生の調査を行い、「南の森」の設計者である小日向孝氏により森の詳細な設計図が作られました。佐川先生のアドバイスをもとに常緑樹に対する落葉樹の割合を多くして森を構成し、「いのちの循環」と「四季の変化」を感得できる教育学的な森を目指しました。そして、森の中心部は国際生態学会会長の宮脇昭博士の理論により自然植生の生態を模して選定された地域本来の木々を密植させ、自然淘汰により潜在植生で構成された自然の群落になることをねらった生態学的な森としました。また、周辺部のマントやソデ群落には地域の自然植生にあった実のなる木や花の咲く木をできるだけ多く混在させて作ることとしました。

時期的には、本校の環境教育が10年目を迎えて新たな展開が求められているときでした。また、ＰＴＡ、後援会、同窓会も「城北工高の特色ある環境教育」として支援していこうという機運もできてきていましたので、あとは予算的な裏づけと「城北の森」づくり計画ができれば実現できる状態にありました。偶然にも予算面では、森づくりの計画がある程度できた頃に、県の環境森林部より「市民との協働による森づくり」のモデル事業として全面的な支援の話を持ちかけていただき、解決することができました。

校内においては、事務室とは今後の森の保全の仕方や費用調整を、先生方とは森をつくることによる学校

「城北の森」完成式典

１本１本の成長を願い全校生徒で植樹

施設、教育活動への影響、森の大きさや位置などの調整を必要としましたが、ＰＴＡ環境教育クラブをはじめ地域の自然保護団体や市民の方々の協力を得て、全校で「城北の森」づくりに取り組むことができました。

そして、２００２年３月16日に完成式典が行われ、地元の各新聞社により「生徒一人ひとりが人間性豊かな地球にやさしいエンジニアとして育ち地域社会に貢献できることを願って、『城北の森』は、全生徒・職員・保護者・後援会・同窓会のほか、地域の多くの方々の願いと協力によりつくられた」と大きく報じられました。

「城北の森」は、古くなった電気棟の建て替えにともない本校の中心部分約９００㎡に作られました。森に隣接する新校舎も「城北の森」がよく見えるように配慮された開放的な窓をもつ教室と、市民が利用できる多目的教室、自然のエネルギーについて学習できる教室など３階建てのすばらしい近代的な建物に変わりました。

2　森と地域のつながり

(1)　生徒たちが楽しみながら取り組める「城北の森」での環境教育プログラム

「技術と環境」の授業を中心とした「城北の森」での環境教育プログラムは、次の通りです。

①「城北の森」の木や枝、花や葉、草や落ち葉などさまざまな視点から年間を通して自然観察を行う。

②「城北の森」を自由にスケッチしながら、各自気づいたこと・感じたことを短い言葉にして書き加えてみる。

③「城北の森」の気に入った場所でくつろぎ、レイチェル・カーソン著『センス・オブ・ワンダー』（カーソン原書1965）などのやさしい本をできるだけゆっくりと、自分ペースで読んでは考えるということを繰り返してみる。

④「城北の森」を前にして、また森の中で静かに何もしないで自由にしばらくの間たたずむ、そして、心に感じたことや湧いてくる思いを素直に言葉や文章にしてみる。

⑤「城北の森」を通して、エンジニアとして自然から学んだこと、そして、人と自然との関係について気づいたことを書いてみる。

これらのプログラムは、A5判のワークシートと鉛筆・色鉛筆があればできるとてもシンプルなものですが、生徒たちから「センス・オブ・ワンダー①～⑤」として大変親しまれています。天気のよい日、小雨のふる日や秋風の気持ちのよい日など年間を通して、生徒たちは、「城北の森」での野外授業に喜びを持って取り組んでいます。

(2)「城北の森」づくりから地域の教育力を生かした環境教育へ

さらにこのような「城北の森」での環境教育をもとに、本校では地域と協力し地域の教育力を生かした広がりのある教育活動が展開されているので、おもなものを次に紹介します。

①中田島砂丘、浜名湖、佐鳴湖での各クリーン作戦や地域の自然を守る佐鳴湖西岸での里山づくりなどの環境ボランティア活動への生徒たちの積極的な参加。**（市民ボランティアとの協力）**

②本校の近くにある「椎ノ木谷」の貴重な森や自然を保護する環境ボランティア活動に、生徒たちが自主的に参加。**（市民ボランティアとの協力）**

③これらの環境ボランティア活動および長期宿泊山村自然体験活動（夏・冬）を年間35時間以上取り組むことにより、学校外の学修として単位認定（学校設定科目「技術と環境」の増加単位として）できる高校。**（山村地域の方々・森林組合・市民ボランティアとの協力）**

④「城北の森」づくりに協力された地域の企業・行政・自然保護団体・消費者団体・ＯＢ・専門学校・大学などとネットワークを結び「地域の教育力」と連携する中で、自然保護、環境保全などの環境に関する専門家を講師に迎えて、「環境―夢・体験―授業」として授業・講演会・研修会などを年間を通して実施。**（企業・行政・地域の各種団体・ＯＢ・教育機関との協力）**

⑤ＰＴＡ環境教育クラブを中心に、毎年秋に「豊かな森ときれいな水」・「水源涵養保護の森」をテーマとしたバスによるエコツアーの実施。**（ＰＴＡ環境教育クラブとの協力）**

⑥ＰＴＡ環境教育クラブを中心に、「ＮＩＥ（Newspaper In Education）による環境教育活動」としてフィールドワーク・エコツアーでのインタビュー調査をもとに「浜松城北工業高校環境教育新聞」（Ａ３判オール

「城北ジュニア・エコ・クラブ」として地域の小・中学生の環境学習の場として利用される「城北の森」

水源涵養保護林の調査・エコツアー：PTA環境教育クラブ

カラー8頁：7000部）を地域に発行。

（PTA環境教育クラブとの協力）

⑦PTA環境教育クラブを中心に、地元産・天竜杉の間伐材を使ったログハウス風の手づくり「城北工高リサイクル・ステーション」を「城北の森」に隣接して建設。（PTA環境教育クラブとの協力）

⑧PTA環境教育クラブを中心に、浜松市や企業、大学、自然保護団体などと連携した市民対象の環境教育シンポジウム、ワークショップ、水郷水都全国大会、環境教育映画上映会、講演会などを実施。

（PTA環境教育クラブ・企業・行政・各種団体・教育機関との協力）

⑨「城北ジュニア・エコ・クラブ」による地域の小・中学生を対象とした「城北の森」および隣接するリサイクル・ステーションなどの環境教育施設での環境学習活動の実施（学校開放講座：延べ参加者約2250名）。（地域の小学校・中学校との協力）

⑩PTA環境教育クラブを中心に、本校の「城北の森」をモデルに浜松市を流れる天竜川上流部の佐久間町で潜在自然植生にもとづく森づくり（184種類：1018本）を、多くの市民とともに実施し、2006

年3月21日に完成させる。（PTA環境教育クラブ・行政・地域のNPO・各種団体・教育機関・企業との協力）

(3)「城北の森」づくりから「地域」づくりへ――みんなでつくるふるさとの森・佐久間

特に前記の中より、本校の「城北の森」づくりが、「地域」づくりへとつながった事例を紹介します。

「城北の森」づくりにかかわり、生徒たちと植樹もされた山本和子氏（女医・国際ソロプチミスト浜松元会長）は、本校の近くにお住まいで医院を開業され、本校の環境教育活動に理解と関心を寄せてくれています。

「みんなでつくるふるさとの森・佐久間」植樹祭

また、学校評議員として本校の環境教育の推進のため数々の有益な助言や受賞の機会を与えて下さいました。そうした中で、山本氏が代表を務める医師や大学の先生などからなる浜松市の「子どもたちの生命と健康を守る会」より、本校の「城北の森」をモデルとした生態学的および教育学的な方法による森づくりを、天竜川の上流の町・佐久間町でも行いたいという資金援助を含む提案をいただきました。この森づくりには、経験のある本校のPTA環境教育クラブが中心となり地元のNPO法人「がんばらまいか佐久間」と協力する中で、約6ヵ月の準備期間を経て約５００名の地元住民、そして、浜松市長をはじめ多くの市民・子どもたちの参加を得て行われました。そして、２００６年3月21日に浜松市民の代表として北脇市長も植樹に参加して「みんなでつくるふるさとの森・佐久間」（１８４種類：１０１８本）を完成することができました。

完成となった森の看板には、「静岡県立浜松城北工業高等学校ＰＴＡ環境教育クラブ」の名前が大きく書かれています。この森づくりを通して、郷土の大切な川である天竜川の上流部と下流部の人たちの思いがひとつとなることができたように思います。また、地域は異なっても未来を生きる子どもたちの幸せを願う大人たちの思いがつながって、「学校の森づくり」が「地域の森づくり」となる、夢と広がりをもつ地域づくりができたと思います。

私は、子どもたちに希望を与え、みんなが幸せになれるこうした森づくりには、21世紀の社会に良きメッセージを送る「地域づくり」としての大きな可能性があると考えます。

3　「城北の森」の持つ力

(1)　卒業生、小学生、保護者の感想

卒業した生徒たちは、「城北の森」の成長をよく話題にしています。植樹したときに比べてすごく大きくなったなど、卒業生たちの心の中にいつまでも共通して「城北の森」があることがわかります。私が、「城北の森」を通した授業の中では、スケッチに感じたことを短い言葉で書いてもらうことが多いのですが、そのときに生徒たちが書いた感想を次に紹介します。

「こんな小さな葉っぱにもそして草にもいのちがあり生きている。だから僕も頑張って生きたい」。

「城北の森は、見ていても心がやすらぐのでとてもいいと思う」。

「城北の森を見ていると、自然を感じることができるような気がする。自然っていいなぁと思う」。

「雨が降った後でしずくが葉から落ちる瞬間がとてもすてきな場面だった。美しくきれいだなと思った」。

「城北の森の変化を見てふだん見逃していた秋を見つけることができた」。


このほか、「城北の森は自分たちの心を和ませ、元気にしてくれる。城北の森を見ているとなぜか元気になれる。新鮮な気持ちになり生きている感じが湧いてくる。もっと城北の森で授業をしたい。自然について深く考えるようになった。自然を大切にしたいと思うようになった」などの内容の文を、多くの生徒たちが毎年感想文の中に書いています。私は、教室では得がたい自然のすばらしさや大切さを生徒たちは心の中で素直に感じとることができているように思います。また、「城北の森」での授業には、生徒たちが年間を通して楽しみながら多くのことに気づいていくというすばらしい教育効果があると考えます。

子どもたちにとても人気の「森のスケッチ」

また、「城北ジュニア・エコ・クラブ」で本校に来校した小学校5年生の子どもたちが書いた感想文が送られてきているので紹介します。

「私が一番心に残ったのは、城北の森です。110種類もの木が植えられ、チョウが飛んでいて、いやされるような感じでした。まるで家族

植樹した木をスケッチする生徒たち

「技術と環境」の森での授業は最高！

のようで一番落ち着くところに来ているなーと思いました」。

「私が一番心に残っていることは、城北の森です。地域の人たちの愛情がこもった森なので虫や鳥がたくさん来ていると思いました。家に帰ったらお母さんとかに、城北工業高校での感想をたくさん言いたいと思いました」。

「城北の森にはすごく自然がつまっていて、虫もたくさんいました。暑いけどすごく心が落ち着きました。スケッチするのがとても楽しかったです」。

「城北の森は、いろいろな種類の植物が生きていてすごかったです。そして、とても気持がよかったです。自然の緑の香りがして、絵をかいたり、見ていたりして好きになりました」。

「城北の森」と初めての出会いであっても、小学校の子どもたちは森を通して心を癒し精神的な安定を得ているようです。今後も「城北の森」を通して、地域の子どもたちの情操教育に役立つことができたらと心より願っています。

そして最後に、ＰＴＡ環境教育クラブの会員で保護者の方々の感想を紹介します。

「豊かな時代に生まれた子どもたちに、自然の大切さを教えるよいチャンスであり、本校の環境教育を誇りに思う」。

「目の前の生活や発展ももちろん大切ですが、私たちが子どもたちに豊かな自然や自然に感謝する気持ちを残していくことは、それ以上に大切であると思うようになりました」。

「城北の森や地域の森づくりに取り組み、保護者も子どもたちもより身近に自然や環境問題を感じ関心を示し、活動できるようになったと感じています」。

ＰＴＡ環境教育クラブの定例会は、「城北の森」に隣接する多目的教室で毎月1回（1999年〜）生涯学習の場として保護者はもとより広く市民の方々も参加して行われ、活発な活動が見られます。本校の「城北の森」をモデルとした地域の森づくりは、浜松市をはじめ地域から大きな評価を得ており、現在、浜松ロータリークラブ、浜松葵ライオンズクラブ、国際ソロプチミスト浜松のほか、地域の企業や高校とも協力する中で森づくりや講演会・イベントなどの開催に取り組んでいます。今後も、多くの市民の共感が得られるユニークな社会貢献活動（ＣＳＲ：Corporate Social Responsibility）として、「学校の森」と「地域の森」を結ぶ森づくりに取り組んで行くことができたらと願っています。

(2)「社会のための教育」から「教育のための社会」へ

私は、「すべての木が、大地にしっかりと根を張り自然の恵みを得て初めて育つように、教育にあっても学校が地域の人々に信頼され地域の教育力とつながる中で、初めて生きた教育が可能になるのではないか。」と森づくりを通して考えるようになりました。また、今から百年ほど前に書かれた牧口常三郎著『人生地理学』（牧口1903）という本の中では、「子供達は、郷土の中で無意識のうちに様々なことを学習し成長することができる」「郷土はそれ自体、人間を形成する強い教育力を持っている」という、私たちが失いかけている大切な点をすでに指摘しています。

また、私が環境教育の先進国であるデンマークを訪れたとき、自然保護団体・行政・新聞社をはじめとする多くの企業が学校と協力して環境教育活動を行っていました。環境問題を子どもたちの未来にかかわる最重要課題と捉えるデンマークでは、社会のあらゆるスペシャリストと学校が協力をしていく「教育のための社会」づくりがなされていました。

教育の目的は「子どもたちの人生における幸福」であり、21世紀の社会のあり方として「社会のための教育」から「教育のための社会」へという発想の転換が、今まさに求められていると思います。

「城北の森」づくりを通して、本校の環境教育のあり方を大きく変革することができたと考えています。そして、地域のすばらしい教育力に注目し、地域とのつながりの中で環境教育活動を推進していくという新たな道・段階へと進むことができたと考えます。環境教育は、学校だけでできるものではありません。私の学校でも地域社会とかかわり学校自らが貢献する中で少しずつ力をつけ、今後も浜松市や地域の多くの団体・市民と協力して「教育のための社会」づくりを、目指して行きたいと考えています。

4　地域に応じた教育の探求

(1)　ものづくりの町「浜松」の文化を大切にした環境教育

最後に、浜松城北工業高校の地域的な特長について紹介します。私たちの高校（在校生：1009名）は、オートバイと楽器づくりの街として有名な工業都市である浜松市にあります。周辺には、美しい浜名湖や水量豊富な天竜川そしてコアジサシ（渡り鳥）のコロニーやアカウミガメの産卵地としても知られる中田島砂丘などがあり、自然環境に大変めぐまれています。

また、浜松市周辺はトヨタの創始者である豊田佐吉を始め世界的に有名なホンダ・ヤマハ・スズキといった企業の発祥の地としてもよく知られています。こうした有数の企業とともに「ものづくりの文化」を支える企業が浜松市には数多く点在し、先取的・創造的な取り組みを好む活気に満ちた町となっています。

こうした中にあって、本校では教育目標のひとつに「地球にやさしいエンジニア」の育成を掲げ、１９９１年より〝ものづくり〟と〝ボランティア活動〟を通した工業高校における特色ある実践的環境教育活動に取り組んでいます。

自然保護のメッセージを掲げて走る、ペットボトルを利用した手づくりソーラー＆人力ボート：浜名湖

たとえば、風力・太陽光によるハイブリッド発電の学習やソーラーカー、ソーラー車イス、省エネカーの製作にも積極的に取り組み、中でもペットボトルを利用したソーラーボートづくりでは、各種大会にも出場し、工業高校生としての環境に対するメッセージをボートに掲げるなど自然や環境に配慮した〝ものづくり〟は、ＮＨＫの教育番組になるなど環境教育の普及・啓発活動に役立っています。

また、本校は機械・電子機械・電気・電子科の4科からなり、環境に関する特定の学科は設置されていません。そのため、県の教育委員会に２０００年より学校設定科目「技術と環境」を願い出て、1年生全員が工業教育について学ぶにあたり「教養」として、21世紀に求められている自然や環境に配慮した技術者のあり方について学習しています。さらに、３年生では同様に学校設定科目「地球環境化学」（選択）を通して、より高度な環境保全技術の習得に努めています。このことは、「地球にやさしいエンジニア」の育成が、教育課程の上で具体的に位置づけられたものと考えます。

特に、技術が人間社会にもたらしたすばらしさとともに、自然や環境への配慮を怠ったことによる地球的規模での環境問題についても、入学後できるだけ早い時期に学習し、また、技術者としての態度や生き方についても考えることができることは、大変意義のあることと考えます。さらに、休日などを利用して取り組む生徒たちの郷土の自然を守る環境ボランティア活動を、英語・数学・国語などとまったく同様の単位（本校独自の学校設定科目「技術と環境」の増加単位）として認定する県下で唯一の高校となっています。

こうした本校での継続した環境教育活動の成果として、以下の10項目が上げられます。

環　境　教　育　宣　言

〈目　標〉

静岡県立浜松城北工業高等学校は、郷土の豊かで美しい自然を大切に守るため、環境や自然に配慮できる「地球にやさしいエンジニアの育成」をめざして、環境教育活動を推進します。

〈行動指針〉

1　私達は、環境教育活動を積極的に推進します。
2　私達は、環境や自然に配慮した“ものづくり”を推進します。
3　私達は、地域社会と協力し“ボランティア活動”を推進します。
4　私達は、積極的にグリーン購入を行い循環型社会をめざします。
5　私達は、ゴミを出さない学校づくりを推進し、ゴミゼロ社会をめざします。

2000年11月18日

①「環境教育宣言」（国際的環境監査システムＩＳＯ１４００１の精神を取り入れた自己宣言：２０００・11・18）
②「城北の森」づくり（地域の潜在自然植生を生かした森：環境教育のフィールド：２００２・３・16）
③学校設定科目による環境教育（1年生：「技術と環境」：2単位・3年生：「地球環境化学」：2単位：２０００〜）
およびゞ、地域の自然を守る社会貢献・体験活動の単位認定（35時間：1単位：２００１〜）
④ペットボトルのリサイクル実習服（２０００〜）・リサイクル体操服（２００３〜）の採用
⑤地域の分別収集――学校モデルとしての「城北工高リサイクルステーション」の設置（２００３・３・15）
⑥日本有数の日射量・遠州カラッ風を利用した風力＆太陽光発電タワーの設置（２００３・１・17）
⑦環境クラブの創設（自然や環境に配慮した〝ものづくり〟のできる生徒・リーダーの育成：１９９５〜）
⑧ＰＴＡ環境教育クラブの創設（保護者・市民の生涯学習および環境教育活動の推進：１９９９〜）
⑨城北ジュニア・エコ・クラブの創設（地域の小学生を対象とした環境教育の普及・啓発：学校開放講座：参加延べ約２２５０名）
⑩地域の環境教育の啓発と普及活動および国際交流を推進する学校（中国・フィリピン・ベトナム・タイ・マレーシア・アメリカ・オーストラリアなどの海外からの環境教育視察・訪問などによる国際交流、および地域での学習会・シンポジウムなどの開催）

本校が、このような成果を得ることができた最大の理由は、継続した環境教育活動にあると考えています。その継続を可能にした大きな理由として、

❶「地球にやさしいエンジニア」の育成という教育目標が、浜松市民の持つ「ものづくりの文化」に合致し、また、尊重する形の環境教育であったこと。

❷「社会貢献」・「地域貢献」を目指す環境教育は、ものづくりの先人たちの草創の「基本的精神」と一致し地域の共感を得られたこと。

❸地球温暖化をはじめとする環境問題への対応は、先進工業国の日本にとっても、また、21世紀の国際社会にとっても進むべき方向として合致していたこと。特に、日本の豊かさに対する価値観が、大量生産・大量消費・大量廃棄型社会から循環型社会へと大きく転換が図られようとしており、そうした大きな時代の流れにも合っていたこと。

❹PTAや地域・市民に開かれた環境教育・生涯学習の場としての学校を目指したこと。

などがあげられます。私たちの〝ものづくり〟と〝ボランティア活動〟を通した環境教育活動が、地域の文化や浜松市民の気質とマッチし、時代を先取りした社会貢献活動として広く市民に受け入れられたことが大きかったと考えています。

(2)　本校の環境教育のシンボルとしての「城北の森」

本校での環境教育が10年目を迎える頃、私は、「地球にやさしいエンジニア」の育成という本校の教育目標を、広く浜松市民に具体的でわかりやすい形で示すことができたらと願っておりました。また、私は、そうすることが本校の環境教育活動の一層の推進と地域への普及・啓発にもつながって行くと信じておりました。

そうした願いの具体的な形として、「環境教育宣言」と「城北の森」づくりを行いました。「環境教育宣言」は、21世紀を前にした２０００年11月18日に、本校体育館において、全校生徒・保護者・学校の3者により行われました。本校が存続する限り地域の美しい自然や環境を守り「地球にやさしいエンジニア」の育成を目指した環境教育活動を推進していくという確かな「目標」と具体的な5項目の「行動指針」からなる自己宣言であります。この宣言は、21世紀のエンジニアのあり方として自然や環境に配慮したものづくりの精神を示すものとして、地元の新聞でも大きく取り上げられました。

そして、「城北の森」づくりにより、「環境教育宣言」とともに本校の21世紀に向けた新たな教育のスタートを切ることができました。この「城北の森」は、「地球にやさしいエンジニア」の育成という私たちの願いの象徴であり、本校の環境教育のシンボルであり続けると思います。

文献

牧口常三郎（１９０３）『人生地理学』聖教新聞社
レイチェル・カーソン（原書１９６５）（１９９６）『センス・オブ・ワンダー』新潮社

飯尾　美行（いいお　よしゆき）
１９５３年生まれ。静岡県立浜松城北工業高等学校教諭／環境クラブ顧問。日本環境教育学会運営委員。
環境省環境カウンセラー。静岡県地球温暖化防止活動推進センター理事。静岡県森林県民円卓会議委員。

病院の森

——認知症「樫の森プログラム」実践の場としてのふるさとの森

川瀬　弓子

私は、医療法人の事務長として、スタッフの心身霊の健康を配慮しなければならない立場と心得ています。とりわけ効果的な治療が見出せていない認知症のケアは、ひたすら受容と共感を求められ、真面目に人間的に対応すればするほど、自分自身を抑え、ときにはバーンアウトすることすらあります。

１９９６年10月より認知症対応の「樫の森プログラム」[1]を創案してきました。「樫の森プログラム」を実践する場をとりまいているのが「ふるさとの森」です。ならば、「ふるさとの森」はそこに集うスタッフに対して、どのような影響をあたえているのでしょうか？

病院で働く人やそこへ集う人への影響

「ふるさとの森」が病院で働く人やそこへ集う人（ボランティアも含む）へどんな影響を及ぼしているか、調べるために、アンケート調査を思いつきました。

しかしどのような設問をしたらよいか、迷いました。

そこでまず第一段階として、スタッフの協力を得て設問を作ることにしました。11人の男性スタッフに集まっていただきました。なぜ、男性にしたか、というと、男性の方が勤務時間後集まりやすいこと、アウトドア系が多いような気がしたから、という思いつきからです。

早速、一人ひとり、「自分と森との関係」をポストイット方式で出してもらいました。

出てきたカードは51枚でした。51枚を似たもの同士でまとめてみたら11のかたまりができましたので、かたまりごとにキーワードをつけてみました。

さらにそのキーワードを表現できる設問を作り上げてみました。

枚数の多い順に、キーワードと設問を並べてみます。

○10枚　キーワード「無意識」
設問「建物の中にいるとき、無意識に緑を探していることがある」

○7枚　キーワード「季節感」
設問「春夏秋冬、いち早く季節を感じることができ、気分が楽になる」

○7枚　キーワード「感性」
設問「雨の日も晴れているときも、木や土や水のにおいにふれたくて、つい窓を開けてしまう」

○5枚　キーワード「虫・鳥」
設問「森や水辺に集まる鳥や虫、木、花の名前を知りたくなる」

○5枚　キーワード「地域」
設問「住宅地にある病院に森があることで、自分の仕事が地域に根づいている、ということを実感できる」

○3枚　キーワード「喜び」
設問「森の存在により、子どもの心をとりもどし、癒しと感じていなくても自然に癒されている自分に気づく」

○3枚　キーワード「家族」
設問「森は、家族やふるさとを思い出させる」

○3枚　キーワード「コミュニケーション」
設問「森の木や花を見ていると、通りがかりの人や患者様と会話が生まれる」

○3枚　キーワード「本能」
設問「森は、狩猟本能をそそる一方、ゴミひとつも落としてはいけない、という気持ちにさせる」

○2枚　キーワード「生きる」
設問「遠くまで行かなくても目の前で木が育つのを見ていると楽しみであり、生きることを意識する」

○2枚　キーワード「価値観」
設問「緑がいっぱいあっても、整備されていないと見映えが悪いこともある」

さらに、否定的な設問もなければ不公平ではないか、ということで1問追加しました。

設問「病院の森は、暗くヤブにもなるし、落ち葉も出るし、必要ではない」

11人の男性スタッフから出た「自分と森との関係」は、見事に私自身の内面を表してくれました。すばらしい確認作業でした。現在、100名に、アンケートをお願いしているところです。

回収結果分析には時間がかかります。いつか機会があったらお知らせしたいと思います。

小さな私たちが行うふるさとの森の保全

1996年から、ふるさとの森を見てきましたが、とても「お金のかかるもの手間のかかるもの」という気持ちがわいています。これは、そのことを否定的に言い表しているのではなく、逆に、なんと大自然は無尽蔵な経費と手間をかけて森を育ててきたことか！　という大自然への畏敬畏怖の念を表しています。たかが人間が、いくら金銭をかけ手間をかけても大自然の営みにはとうていおよびもつかない、ということを言い表したいからにほかなりません。

では、私たちに何ができるでしょう？

昔から、先人たちが何世代もかけ、コツコツと生活の糧に里山を保全してきたようにすることに尽きるのではないか、と。たとえ10ｍ×20ｍの小さな小さな住宅地の中の病院の森でも、です。

これからも引き続き「ふるさとの森」が私たちに届けてくれる四季の贈り物を大切にしたいと思います。

（1）認知症対応の「樫の森プログラム」とは

1996年より、右脳活性化を目的とし、テーマを年・月・曜日ごとに設定し、一つひとつのプログラムにかかわるスタッフの役割を明確にし、認知症の方もスタッフもともに生涯学習の場とし、過程を楽しみながら、童具・生け花・料理・加賀谷式音楽療法・造形・園芸療法・ネーチャーゲームなどの芸術療法を実践してる、当法人のオリジナルケアです。

実践の中から「樫の森プログラム」を象徴するキーワードとして「笑顔・つながり・集中力・達成感・創造性・体調意欲」が浮かび上がってきています。

川瀬　弓子（かわせ　ゆみこ）
1948年生まれ。新潟大学教育学部小学校教育課程卒業（専攻　地理科）。特定非営利活動法人三条おやこ劇場理事長、共同購入グループ・ピュアの会代表、医療法人社団川瀬神経内科クリニック事務長。

第3部　これからの学校の森

第3部では、第1章で学校の森運動の画期となった長岡での国際シンポジウムを紹介し、第2章では、その後の学校の森の展開について触れ、第3章で、地域、地球とのつながりの観点から大きく学校の森の将来を展望します。

第1章

「学校の森」国際フォーラムin長岡

2004年6月20日（土）、新潟県長岡市の川崎小学校で、日本ホリスティック教育協会、NPO法人学校の森、にいがた緑の百年物語緑化推進委員会の主催で、「学校の森」国際フォーラムが開かれました。これは、協会の顧問であり元長岡市川崎小学校長である山之内義一郎さんが、（財）長岡市米百俵財団から、第8回米百俵賞を受賞されたのを機会に、行われたものです。

「学校の森」づくりと深いつながりのある3名の講演者により、日本発の取り組みの世界への広がりが語られました。

「学校の森」国際フォーラム——呼びかけ文

16年前、新潟県長岡市の川崎小学校で、山之内義一郎校長の創意によりはじまった「学校の森」づくりは、子どもたちの健全な心を育む大きな力を発揮し、今、新潟県下に、全国に、海外に広がりつつある。「学校の森」づくりの中で子どもたちは、木々や草花や、いっしょに住む小さな生き物たちに心をかよわせ、共に森づくりにはげむ仲間たちや大人たちと苦楽を共にし、多くの生き物との種を越えたきずな、多くの人々との世代を越えたきずなを築いていく。今、社会も地球も病んでいる。暴力や犯罪が横行し、世界の8億人が飢えに苦しみ、環境破壊が進み、多くの動植物が絶滅に瀕し、人類の未来も危うい。

「学校の森」づくりは、子どもたちの感受性と創造力を培い、いのちと自然の尊さ、人々のきずなの尊さを教え、人類社会と地球の未来を背負って立つ子どもたちを育てる。

かつて長岡藩は、戊辰の役敗戦後の焼け野原の中で、飢えをしのぐためよりも未来のための教育に米百俵を投ずることを選択した。今また、長岡発の「学校の森」づくりは、人類の未来を救う種（たね）となって、現代の米百俵として世界にまかれようとしている。

今日、長岡市川崎小学校における〝「学校の森」国際フォーラム〟に集う私たちは、「学校の森」づくり教育運動の輪が、世界の隅々にまで拡がって、「人類社会と地球の病をいやす」大きな力となることを願い、『「学校の森」づくりをもっともっと広げよう』と世界の人々に呼びかける。

２００４年６月20日

〝「学校の森」国際フォーラム〟参加者一同

（この呼びかけ文は英語・ハングル語でも発表された）

どうして「学校の森」が「つながり」なのか

ジョン・ミラー（John Miller）
1943年アメリカ生まれ。カナダ、オンタリオ州トロント在住。トロント大学大学院オンタリオ教育研究所教授。トロントで開かれるホリスティック・ラーニング会議の主催者。日本では神戸親和女子大学大学院、立命館大学大学院などで教える。

私が山之内先生にお会いしたのは、今から10年前の1994年です。神戸親和女子大学で講義をしていましたが、その際日本中をまわってホリスティック教育のワークショップをしました。長岡へ来て、山古志の虫亀小学校、川崎小学校、小千谷小学校を訪れました。そのとき「学校の森」というアイデアを初めて聞きましたが、実際に見せていただいて、ホリスティック教育のすばらしい実践だと思いました。

ホリスティック教育は、基本的には子どもを、人間を、全体的に育んでいくこと、「つながり」をつくっていくことを、大きな目的の一つにしています、「つながり」についてはいろいろな面がありますが、今日はその中からいくつかの「つながり」を説明して、どうして「学校の森」が「つながり」なのか、についてお話しします。まず初めに、森はどうして「つながり」をつくるのか。

1　地球との「つながり」

学校に森をつくると、地球との「つながり」が回復されていきます。子どもは、もともと自然と「つながり」、自然のプロセスと調和しています。アメリカにエマーソンという思想家がいますが、人間は生まれつき自然との関係性を保って生まれてくると言います。人間はじっと星を見て不思議さを感じたり、木陰で風を感じたり、動物を見ることによって、自然の不思議さに畏敬の念を感じることができます。しかし、現代の社会では、子どもたちが多くの時間をテレビやコンピュータのスクリーンの前で過ごして、人間がもともともっている自然との関係性が損なわれています。

学校に森をもつということは、一つの方法として、子どもがもう一度自然との関係性を回復するのに役立つと感じます。子どもの遊びの場が、自然の葉っぱとか、草とか木々におおわれていればコンクリートの場所で遊ぶ子どもよりも、攻撃性が少なくなっているという実験結果が出ています。最近、子どもの暴力や犯罪が目立っていますが、学校に自然の場を取り戻すということは、子どもにとって大変にいいことであると思います。

2　心と体の「つながり」

学校の森が育んでいくものに、心と体の「つながり」を回復するという大きな役割があります。ドイツにシュタイナーという教育家がいますが、彼は子どもの発達論にもとづいてシュタイナー学校を作りました。その中で、0歳から14歳までの子どもが実際に手を使い、感覚を全部使って学習することを重視しています。コンピュータやコンピュータゲームにはさわらせません。

子どもの環境が人工的に過ぎたり、あまりにも知識を重視することが行われたり、五感すべてで体験することが見過ごされると、大きな打撃を受けるといわれています。

子ども自身が木を植えたり、木を育てていくことは、もしシュタイナーが生きていればとても感心するでしょう。子どもが自然の状態でいられることに、とても心を惹かれたのではないかと思います。

3　マインドフルネス

「学校の森」は「マインドフルネス」いまここに心を込めること、に役立ちます。子どもだけでなく大人にとっても、自然の中で太陽の光を浴び、そよ風を感じ、木に触ったりすると、目が覚めるような気持ちになるのを経験していると思います。学校に森をもつことで、子どもだけでなく教師や大人も、本当に目覚めて、「いまここに心を込める」ことを育んでいけると思います。

仏陀が「あなたは、どなたですか」と聞かれたときに、「私はただ目覚めようとしている人間です」と答えたというエピソードがあります。

4　教科間の「つながり」

教科間の「つながり」について簡単に触れておきます。ここ数年、日本で総合学習が取り入れられています。「学校の森」をもつことは実際に総合学習の重要な教材になります。たとえば森に入ると、理科、地理、国語、美術や技術の学習が一緒にできます。森は「つながり」の象徴です。ただ単純に森があることで、子どもの中の「つながり」感を育むことができます。

5　地域との「つながり」

地域社会だけでなく、学校もコミュニティの一つです。学校は一つの共同体として機能することによって、学校を超えて地域とつながっていきます。地域社会と学校は、双方向から「つながり」をつくる関係にあります。たとえば、子どもは地域社会に出て行って自生の森をつくることによって、地域の自然と「つながり」をつくります。

ホリスティック教育は、地域社会と学校の壁を、親子や地域と一緒に森をつくることによって、どんどん低くしていくことを一つの目標にしています。「学校の森」をつくると、学校と地域の壁が低くなって、「つながり」をつくるのに大変に役に立ちます。

6　心と心の「つながり」

山之内さんの著書を通して、子どもの活動についていろいろと知っていますが、子どもが文章や詩をつくって自分の心に気づいたり、問題のある子どもが森から手紙をもらったつもりになって、自分に手紙を書くことによって、自分の行動が変わっていく、自分の心につながっていくという話は、心と心の「つながり」の例です。

子どもの植えた木にからんだつるを父親が取ろうとしたときに子どもがそれを制止し、そのことが父親に感銘を与えたというのも、その例です。

ホリスティック教育において、子どもが「いのち」にたいする畏敬の念や尊重する気持ちを感じるようになることは、とても大切です。子どもが小さな木、小さなつるに「つながり」を感じること、またそこから親の人生に影響を与えること、そういう「つながり」が生まれます。現代社会の中では自然に対するものの見方がすごく物質的になっています。心の小さな「つながり」や、思いやりの気持ちや、関係性をもつことが少なくなっています。そういう「つながり」を、森を通して育めると思います。

韓国におけるホリスティック教育ムーブメントの背景

金　明子（キム・ミョンジャ）

1932年生まれ。韓国カトリック大学校（聖心校）言語文化学部卒業。韓国梨花《イホワ》女子大学校大学院最高経営者過程終了。現在、韓国京畿道富川《キョンギドプチョン》市所在セッピョル幼稚園園長。地域社会教育協議会富川市教育協議会副会長。

1　ホリスティック教育の取り組み

新たな出逢い――そして覚醒。1993年の3月ハワイで開かれた環太平洋教育改革シンポジウムで、ホリスティック教育とは何か、闇の中から徐々にその輪郭が現れてきました。地球環境の共存意識――いのちの連なり――希望的人類の未来。これからの教育の方向性はホリスティック教育ではないかと私は目が覚めるような気持ちになりました。

このシンポジウムの別れ際に、手塚郁恵先生から私に1冊の本が手渡されました。その本が、学校の森をベースに山之内先生が先生の教育哲学によって実践されたことを書いた『森と牧場のある学校』です。

(1)『森と牧場のある学校』の受けとめ

本のまえがきに、ホリスティック教育の実践方法が載っていました。目次を見ると、実に関心と興味、それから期待が湧き、読みたい意欲に駆られました。目次の一つひとつに魅力を感じ、内容に引き込まれました。帰国してからは、幼稚園の忙しい日常のため、昼は読みたい欲求を抑え、夜は時間を忘れて読みふけりました。一つひとつの内容に感動しながら、1週間で読み終えることができました。

読み終わって1週間がたっても、教室の中では引きこもっていた子どもが森の中では幸せを感じながら生き生きと総合活動に取り組んでいる様子、森の力、学校の森から生まれる子どもたちの豊かな感性がわたしの脳裏から消えませんでした。

私の性格はやや理性的な面もありますが、情にもろいほうだと平素思っていますので、もう一度理性的に読み直してみようと思いました。もしそれでも同じように感動したら、今の教育課程、すなわち知識ばかりを追いかけて感性を大事にしない現在の教育に、人間性喪失をもたらしている教育課程と教授・学習方法の改善に、それを生かそうと思いました。

(2)『森と牧場のある学校』（翻訳）が及ぼした影響

山之内先生の理論は、私が関心と興味をもっている理論、すなわちハワード・ガードナーの多重知能理論と溶けあい、1992年アメリカのニューズウィーク誌から世界で一番理想的で優秀な教授――学習方法と称賛されたレッジョ・エミリアのプロジェクト・アプローチとも、その教育課程の構成が似ています。また、レッジョの幼児教育の方法の特徴の一つである多様な記録方法を使いながら、子どもと教師がともに学んでいく方法と同じだと思いました。

私は、この本を小学校の先生方や父母たちに読ませようと思いました。そこで、教育庁に行って小学校の校長先生方に紹介するように頼みました。翻訳本を読んだ校長先生は、学校の研究費から全職員分をお買い求めになりました。私の会のメンバーの幼稚園長たちは、ちょうどその頃レッジョ・エミリアのプロジェクトに関心を寄せていたため、この本が参考になると買い求めました。また卒園児の記念品として購入して、小学校の担任の先生に差し上げるようにしました。そのおかげで、この本を読んだ小学校の先生たちは、自分の恩師である教育大学の教授たちに紹介するようになりました。その中で仁川《インチョン》教育大学の金顕宰《キム・ヒョンゼ》教授は強い関心と情熱をもって、韓国ホリスティック教育学会を組織され、実践研究が本格的に進むようになりました。

1997年2月、韓国ホリスティック教育実践学会が、教授、学校長、幼稚園長、教師たちで組織され、研究会が開かれました。金顕宰《キム・ヒョンゼ》教授が中心になって、私は会長として後見人の役割を担当しました。

2　ホリスティック教育の実践活動

韓国で最初に学校の森を造成した京畿道安養《アンヤン》市新岐《シンギ》初等学校は、今から6年前、運動場の約半分くらいの広さに、学校の前方にある山を縮小した形で「学校の森」を造成しました。この学校の森の教育成果が認められ、全国に「学校の森」づくり運動のブームが起きるようになったとも言えます。

(1)　実践活動事例

京畿道の始興《シフング》市大野《デヤ》初等学校の李宝玉《イ・ボオク》教師は、次のようなメッセージをホームページに掲載しています。

草一株、種一つ、木一本、ミミズ一匹が生命を持った貴重な存在であり、これらは自然の摂理を理解し、生命の尊さを自ら覚えるようにしてくれる大切な資料である。生徒たちに、文字を一つ、数学の問題一つを解く方法よりは、木を抱いて、動物と対話する方法をまず教えなければならない。子どもを「生命を尊重する子ども」に育て、子どもたちを「いのちの花」と見るとき、いのちの花は、種の中に内在した生命力によって自ら成長します。種が花になる過程で適当な水と仲間のこやしで子どもの生き生きした「いのちの花」を咲かせるようにしなければならない。

(2) すばらしい速度で輪を広げていく「学校の森、いのちの森づくり運動」

特に京畿道は、生態学習や学校の森を奨励し、森を造成する場合、今年から1校当たり約１０００万円の補助が出されます。京畿道では今年から学校の森造成予算として3億５０００万円をとっておいたと聞きました。森づくりは政府レベルで積極的に支援されています。

１９９８年頃、韓国も環境問題の深刻さから、生態環境へと関心が集まりはじめました。韓国の模範的企業である柳韓《ユーハン》薬品会社の子会社の柳韓《ユーハン》キンバリーは、「木植え本部」として全国の山野に苗木植えの国民運動をしていました。主導していた文国現《ムン・グクヒョン》社長は、98年からは、これ以上植える山地はもうないので、都市周辺に目を移して、学校の運動場を見つけました。この考えが「学校の森」造成事業と結びつき、速い速度で運動が進展するようになりました。

この「学校の森」づくりの国民運動を推進する背景には、もう一つ教師たちの研修があります。ホリスティック教育と森づくりの意味や方法を普及するために、大学や国家機関がその研修会を支援しています。特に仁川教育大学では、金顕宇《キム・ヒョンゼ》教授はじめ森林学者たちも加わり、土曜の午後から日曜の昼にかけて校長、教頭、教諭（教務）などが参加した徹夜の研修を年に数回行っています。最初は1回の研修会に１００名程度だったのが、その後は１５０名から２００名の参加者になっていると言います。

新潟県内の「学校の森」を視察された方々は、この最初の受講者が実際の現場を見たいということから始まったものです。この研修会の初めは京畿道を中心に行われていましたが、他の自治体も支援するようになり、今は全国の学校でこの運動が行われるようになりました。

山之内先生の総合教育の実践と、その記録がこのように韓国で大きな反響を呼び起こしています。私は先生の実践結果の種を伝播しただけで、その成長の背景には金顕宰《キム・ヒョンゼ》教授をはじめ、多数の学者たちと現場の先生方が、ホリスティックという苗木に水やこやしをやり、支え木を造って育てたおかげです。また、ジョン・ミラー教授に対しては、理論を教育に適用するようにしていただいた点で改めて深く感謝いたします。

人は人間の力だけでは育たない

楠原　彰（くすはら　あきら）
１９３８年生まれ。グローバル・エデュケーション研究者、国学院大学教授。新潟県出身。専攻は教育研究。20代から反アパルトヘイト運動にかかわる。著書に『南と北の子どもたち』（亜紀書房）など。

お二人の話を伺って、子どもの心が、地球や全人類や他の生命を含めたすべての問題に、どのようにつながっているか話されていたように思います。私は三つのことを話します。

新潟県中蒲原郡《なかかんばら》(1)で生まれ、山之内さんの幼少期と同じような生活をしてきたのを覚えています。グローバル教育、地球主義教育といいましょうか、地球上の他の生命と人間の生命をどうつなげていくかを考えていたとき、私はこの『森をつくった校長』に出会いました。そして、私は何をしてきたのか考えさせられました。東京の荒野で、何一つできないで1本の木も植えられないで66歳まで生きて来てしまいました。

私は、常々思っているのですが、人は人間の力だけでは育ちません。こんなことは、私たちが子どもの頃は、大人はみんな知っていたことです。だから、神棚や仏壇の前で手を合わせたり、祖先を供養したり、森を大事にしてきました。

ところが1950年頃から、物質的な豊かさを追い求めて、人間は人間の力だけを頼りにして一目散に走り出しました。何を隠そう、私も豊かさと便利さを求めて東京へ出てきました。激しい競争が始まりました。

私たちは、人間も地球もずたずたになった今頃になって、人は人の力だけではとても育つことはできない、人は人の力だけでは癒されないことに気づきました。子どもは、大人や父や母や学校の先生とのつながりだけでは育ちません。木や森や草や、沈黙やゆとり、春を感じる心、五感のはたらき、聖なるもの、何かを感ずる心とか、そういうものが混然一体となった中で、かろうじて人になっていった、ということを私のおじいちゃんやおばあちゃんは知っていました。母は、私が悪いことをしたとき、私を仏壇の前に座らせて、一言も言わずに泣いていました。母は決して言葉で責めたりしませんでした。神仏との対話を求めていました。あなたの心の中にある神と対話しなさいと。そう私は感じました。何が何だかわからないけれど、黙って座りながら心が落ち着くのを感じていました。そのとき感じたようなものを、私はこの本の中から感じました。

私は学生のときから、20年以上アジアを歩いています。最初は、学生と一緒にタイへ行きました。南部の森の奥に、非行をした子どもたちや親に虐待されたりした子どもたちが集められている施設「こどもの家（ムーバン・デック）」へ行きました。そこで、子どもが木に抱きついていました。「あ、子どもが木の精によって癒されている！」と、学生が言いました。最も不幸な経験をした子が、木によって癒されていたのです。山之内さんの実践と相通じるものがあると思いました。

(2)

教育の目的は、一人ひとりの自立した人格をもった個人が、平和的民主的な国家をつくることにあります。つまり、平和的、民主的国家は、自立した自由な人格をもった人によって支えられます。この教育目的に、自由な個人の尊重と平和的国家の育成という二つの目的があることに、私はなんの矛盾も感じないできました。

ところが、この教育目的には、ホリスティック教育やグローバル・エデュケーションや、子どもたちの現状から見ると、問題を感じます。教育基本法に規定されている日本の教育目的は、全人類の英知から生み出された近代教育思想です。それにも限界があります。それは人間の生命しか考えていません。この問題は、日本に限ったことではなく、アメリカでもイギリスでも同じです。少しずつユネスコなどで議論されてきています。人間は、他の生命との共存なくして、一人ひとりの子どもの生命の確保もありえないということを教育目的に加えなければならなりません。それは人類全体の教育目的にならなければなりません。

教育基本法の議論は、こういうところまで降りて議論されなければなりません。もう遅い。あの荒涼とした子どもたちの風景を見ると、どうして、あの子どもたちを人間の力だけで癒すことができましょうか。水、空気、自然など、生命の全体性、生命の連鎖の中で人間は小さな一つの生命だということを、子どもたちが実感として感じられなければ、イラン、イラク、アメリカの教育も成り立ちません。つまり、人間の生命と他の生命の尊厳は同値であるということを、子どもたちに伝えなければ、22世紀はないのかもしれません。これが、いま提案したいことの一つです。

(3)

最後に私は学生時代から通算すると3年半ほどアフリカに滞在してきました。そこで気づいたことは、エチオピアは全国土の4％しか森が残っていません。南アフリカは、6・2％。あの豊かなアフリカのジャングルは、もうどこにも森がなくなっています。タイは、半世紀前は森の都と言われてきましたが、23％しか森がありません。インドの森は19％しかありません。日本は、全国土にしめる森の面積は65～70％ぐらいあります。日本は、大変、森のある国です。また木材資源を使う国として世界最高です。しかし、多くの場合日本の学校や机や、私たちの家は日本の木でつくられていないのが現状です。これは、アジア、アフリカの森の木か石油化学資材でつくられています。安いからです。日本の森は、コミュニティが壊れ、手入れをしなくなったので、次々とだめになっています。

こういう現実を考えますと、日本の学校に森をつくると同時に、世界の学校に森をつくる、そして、世界の山をもう一度緑におおわれた世界にしないと、私たちの生命すら守れない、そういう時代になったのだと思います。

第2章

発展する「学校の森」

小田　孝治・山之内　義一郎

1　加子母《かしも》の地域ぐるみの「学校の森」づくり

２００６年5月、加子母中学校に隣接した「学びの森」での活動が、国土緑化推進機構の全日本学校関係緑化コンクールで特選になり、農林水産大臣賞を受賞しました。岐阜県下呂市で行われた全国植樹祭で、両陛下から内木健二校長がお言葉をかけられました。

加子母小学校と同中学校の間にある約2haの私有地に学校林「学びの森」が誕生してわずか2年。生徒たちの目線を通した森づくりは２００５年2月、加子母村が中津川市に合併されるという〝不運〟に遭遇しましたが、逆に生徒、ＰＴＡ、林業家、青年団、農家、婦人グループなどとの「いのち」の「つながり」を強め、「学びの森」によって加子母はたくましく蘇りました。

加子母は岐阜県東端の裏木曽に当たり、長い伝統をもつヒノキの里。今も東濃ヒノキのブランドで全国に知られています。かつては江戸城や名古屋城などの建築用材として、現在も伊勢神宮の20年ごとの式年遷宮に加子母のヒノキが供出されています。ヒノキを植えて育てるという暮らしの文化が根づいています。しかし、子どもたちが森に入らなくなって久しくなります。なんとかしたいという声が林家や教育関係者の間で高まっていました。

発起人の一人で林家の研究グループ、加子母優良材生産クラブ会長の安江銕臣《てつおみ》氏が行動を起こしました。子どもの頃森に入ると、長老たちが森や木の見方から下草の刈り方、ノコギリの扱い方、加子母村の歴史まで幅広く教えてくれました。大学を卒業して加子母村に戻って林業に携わるようになり、先輩たちの言葉が技術的に役立つばかりでなく、加子母人としての生き方にまで及んでいたという痛切な思いに至りました。

安江氏ら民間グループ５人が１９９３年６月に構想を語り合って始動。学校林の名前も当初は「学び合いの森」でした。子どもたちだけでなく、加子母の大人たちも一緒になって学びあえる森づくり。名前が長すぎるということで「学びの森」に落ち着きました。

加子母では明治初期、尾張藩の山守の家系だった内木双六初代村長が村の全戸を山持ちにする施策を講じた歴史があります。また、加子母の国有林には樹齢数百年のヒノキの美林があり、ここから伐り出されたヒノキは近代化後、法隆寺金堂の修復などに使われてきました。加子母の森づくりの指針となっている言葉に「美林萬世之不滅」があります。後の世まで美林を絶やすことがないように……。循環型の森林を守り育て、後世に残していくことが村の使命でもあります。

ただ、森づくりは生徒たちの目線を大事にしたい。２００３年11月、加子母中学の1年生が総合学習の場で「緑の子ども会議」を開催。その中で、「身近に体験できる学校林が欲しい」という意見が出され、素早く動き出しました。子どもたちのことになると村民は年齢や職業の別なく集まってきます。学校林の分科会には教員、ＰＴＡ、教育委員会、林業関係者からさまざまな意見が出されました。

あるお母さんから「大人の目線でなく、子どもの目線で考えてはどうか。子どもたちが何を欲しているか調べてみましょう」と提案があり、２００4年1月、第2回の「緑の子ども会議」（小学3年、同6年、中学1年）で具体的に検討し、意識調査も行われました。一方、大人たちも学校林整備研究会を発足させ、子どもたちを主役に、大人たちは何ができるかというテーマでワークショップを行ってきました。この会では「子どもたちが加子母を誇りに思い、加子母の良さを30分は語れるように育てること。さらに、彼らをサポートする地域の人たちを育てる」という〝人づくり〟が確認されました。

こうして候補地が決まり、5人の森林所有者も率先して土地を提供。また、この地の高台にあった小屋の所有者も森の基地として活用することを了解してくれました。地元では「木の語りべ講座」として、ＮＰＯ法人「学校の森」の山之内義一郎理事長らを招いて講演会も開催。こうして「学びの森」が地域の人たちと一体になってスタートしました。２００6年夏現在も子どもたちと教師、地域の人たちによるさまざまな取り組みが行われています。

おもな「行事」を拾うと、小学生を対象にした「森の宝探し」。優良材生産クラブによる下草刈り。小中学生と青年団による「森の基地づくり」――これは老朽化した小屋の建具をはずし、壁を塗り替え、床張りなどに汗を流しました。加子母で木造建築を学ぶ「木匠塾」の学生らによる「橋」（千葉大）、「デッキ」（京都大と京都造形芸術大）、「階段」（立命館大）、「見晴デッキ」（東洋大）の建造。これは子どもたちの要望を入れて「学びの森」に彩りをそえることになりました。中学1年生による炭焼き体験。小学3年生による昆虫採集。同1年生による森での遊び体験。同4年生による生き物調査と加子母の森リサーチ。2年目に入ると、小学生が〝ぶり縄〟によって木登りをしたり、地域の人たちを講師にして加子母の歴史講座も開かれました。

とりわけ中学生の取り組みは、この森から始まって加子母全体に学習を展開する方向へ進んでいます。2年生が「ふるさと学習」で取り組んでいるテーマ研究には目を見張らせるものがあります。「加子母の木で作られたものを調べ、自分で作ってみる」「なぜ山を緑のダムというかを調べ、木があるなしで災害時にどうちがうかを明らかにする」「加子母の山の針葉樹と広葉樹を調べ、将来の環境問題にどう影響するかを考える」といった社会性のある問題意識が芽生えています。

これを「調べ学習」に終わらせず、実際にその仕事にかかわる加子母の人たちからの「聞き取り調査」や現場での「体験学習」を重視しています。「学びの森」が地域ぐるみの教育の場になっていることを物語っています。林家を中心とした「学びの森整備研究会」のメンバーが森に入り、休眠状態だった青年団が動き出し、女性林業グループ「こぶしの会」が小学生の遊び相手になります。おばあさんたちも様子をうかがいに来ます。木という自然や人、地域の歴史との「いのちのつながり」が拡大しています。

加子母中学校新聞のタイトルは「ひとねる」と言います。内木校長は「加子母の言葉で、人となる、育てるということです。子育ても山を育てるのも同じだと思いますが、加子母は地域の教育への支えが大きい地域だと思う」と言います。

加子母の「少年の主張大会」で最優秀賞の中島塁君は「加子母の良さについてなら、つぎつぎに話すことができます」と郷土の誇りを語ります。また、大人たちも「学びの森」にかかわることで授業を離れても生徒たちを見守り、「学びの森」での子どもたちの活動を知って山の手入れに以前にも増して努力する傾向にあると言います。

「学びの森」ではこの秋、ヒノキの一部を伐採して広葉樹を植えます。また、子どもたちに楽しい課題が

2　川崎の森のさらなる発展／一級河川「栖吉川《すよしがわ》」とつながる学校

「川崎の森」づくりの実践は、その後、自校の施設と県が管理する河川とも一体化するようになりました。川崎小学校のグランドには隣接した「栖吉川」という河川があり、堤防は新潟県が所管する「栖吉川」と長岡市の所管する学校との境界になっています。グランドに隣接する堤防は子どもたちの遊びに使用され、傾斜面を駆け上がったり下りたりして斜面の土を少しずつ崩していました。堤防の防災機能を考えると管理する名案がなかったので、所管する県の土木事務所に相談したところ、県は私に私案を求められたのです。知識、技術のない私でしたが、思いきって教育の視点から提案しました。その案というのは、それぞれが所管する河川や学校の権限や考え方の枠内で進めるのではなく、子どもの健全な成長という目標について双方で共有したコンセプトによる工事計画でした。

グランド側の堤防は、スタンドを兼ねて階段状にする工事とともに、木陰になる樹木を潜在自然植生から選んで植え、河川側も階段状にして河川と人のふれあいができるようにしました。川の本流は分流して川遊びできる小川にする工事をしてもらい、さらに両岸の堤防は舗装し、歩道橋を利用して堤防の両側をランニングできるようにして、グランドと接続した長いコースの新たな学習環境にしてもらうことができました。

このように県と市の境界内に相互に乗り入れ、市民・児童の共用施設という画期的な工事になったのです。川の自然と人の「いのちのつながり感」が生んだ、新たな自然環境に変えることができました。これを契機に児童や市民の親しむ水辺にしようと、ＰＴＡを中心に子どもたちとともに河川の草刈りなどの清掃作業を実施しています。この改修方法は川とふれあいのできる環境教育のモデル・ゾーンとして「栖吉川」全体に拡大されました。

3　「学校の森」の他領域への更なる展開

学校に小さな森をつくるという実践活動は、学校という枠組みを越えてさまざまな分野に影響を与えつつあります。

農水省、林野庁の公益法人では、機関誌「現代林業」（２００２・２）や「ぐりーんもあ」（２００３・森が子どもを変える）、「森で学ぶ活動プログラム集――総合的学習」の刊行物（２００３、２００４）で紹介したり、全国規模の「青少年の都市と農山漁村の交流のために」のシンポジウム（２００２・３）や「全国林業改良普及指導員研修」（２００２・３）の講演会を開催したりして、森のいのちの「つながり感」の理解に役立てています。

そうした動きというのは、実は２００１年に制定された「森林・林業基本法」によって、これまでの森林・林業政策がモノである木材生産中心だったものから、環境や文化、教育など幅広い分野ともつながっている考えに変わったのに即して、いち早く取りあげられるようになったからです。また文部科学省の公益法人「文教施設協会」も機関誌「季刊 文教施設」（２００２・６）に「学校の森」を紹介し、森は単なる施設の付属物や装飾としてではなく、「いのち」として位置づけようとする意図が伺われるなど、ホリスティックな見方の萌芽が感じられます。さらに大企業においても三井広報委員会のように、「三井グラフ　１３５号」（２００４）に「画一化した教育に新風を吹き込む学校の森」の見出しでカラー写真とともに解説が加えられ、全国に向けて発信されています。学校教育と森とのつながりについての普及に協力されているのが伺われます。

４　「つながり」の結節点としての森

「学校の森」は、かわいらしい規模の森です。しかし、一掬いの海の水が大海の一部であるように、数少ない緑もまた、地球上の森全体とつながり、自然全体とつながり、人々とつながっているのですね。その意味において、「学校の森」が農水省、林野庁、企業の関心を惹くのも当然のことといえるでしょう。「学校の森」はまた、単に空間的につながりを媒介するだけではなくて時間的にも過去とのつながり未来とのつながりの結節点となるものです。「学校の森」の流れの根底には、太古から日本人の心を育ててきた「縄文の森」という大きな流れがあります。かつて「山の森」「神の森」として人々が畏れ、尊び、敬ってきた森林が、ムラの人たちの生活を守り、心を結びつける信仰の中心であり、聖域でした。そのために文明の進展にともなって森林伐採が進みましたが、それを抑制する役割をはたしてきました。聖域の森である鎮守の森もこうして伐採が進むなかで、わずかながらの森林を残すだけとなってしまいました。高度経済成長と都市化にともなって森林の伐採はさらに進み、今や森林は消失の危機に瀕しています。

地域社会もまた森林の消失とともに人々のつながりも失いかけ、解体の危機を招いています。今こそ、森と人間の共生の新しい関係の確立が求められているときです。とはいえ、ただちに鎮守の森の復活だけを願うことは、政教分離の憲法上の理由で困難です。

こうしたことを考えると、森のいのちを今日まで引き継いできた「鎮守の森」をモデルにした、「学校の森」の役割を改めて検討する必要があることがわかります。子どもたちや地域社会、国の将来、地球の未来にとって、「学校の森」の拡大こそ差し迫っている大きな課題ではないでしょうか。古来からの森の「いのち」の平等と循環、調和という思想を、地方分権の流れに呼応して甦らせ、将来の人づくり、地域づくり、国づくりと一つになって発展させていくことが必要でしょう。

それを支えるのは、まさに「すべてのものは一つ」という一如観、不二一元の東洋思想に根ざす森の「いのち」の思想であり、その思想は、ガイアの思想と結びつき、洋の東西を超えて一つにつながっていくものです。

私たちは、歴史学者トインビーの「文明の後に砂漠が残る」という警告を、改めて真摯に受けとめる必要があるでしょう。

（２・３・４節／山之内）

小田　孝治（おだ　たかじ）
１９４１年生まれ。西武文理大学客員教授。元産経新聞文化部長。著書に『日本の技』『ときめく美』ほか。

第３章

未来を開く「学校の森」
――子どもと地域と地球をつなぐ

今井　重孝

１　子どもの置かれた状況

２００６年5月にイギリスで「毒にまみれた子ども時代――現代の世界はいかに子どもをだめにしているかまたそれに対して我々は何をなしえるのか」という書物（Sue Palmer "Toxic Childhood-How the Modern World is Damaging Our Children and what We Can Do About It"Orion,London）が出版されました。

この本には次のような数字が示されています。

２００４年のイギリスの研究財団の報告によれば、過去30年間に青少年の問題行動は倍増しており、情動上の問題は70％増加したといいます。またアメリカの心理学連盟によれば、子どもたちの5人に一人が精神的な健康に問題を抱えており、世界保健機構に拠れば、２０２０年までに精神障害の子どもの数が50％増加するということです。

また、アメリカのＡＤＨＤの子どもは、子どもの12％に上っており、１９８０年代初頭には5万人に一人であった自閉症の子どもの割合は、２００４年には１６６人に一人となり、アメリカの小児科アカデミーは、毎年25％増加するであろうと予測しています。自閉症児の割合は、イギリスでは１００人に一人、日本では６００人に一人であり、すべての開発途上国でも増加しているように思われるといいます。

子どもたちの精神的、身体的健康が急速に蝕まれつつあることが報告されているのです。日本でもアトピーが増加したり、うつ病が目立ったり、ＡＤＨＤが増加したり、学級崩壊が起こったりと、そうした兆候は薄々感じられています。

なぜ、そうなったのでしょうか。食べもの、環境などなどの急激な変化により、子どもを取り巻く生育環境は急速に悪化していることが複合的に作用していると著者のスーは考えていますが、その中の原因の一つとして、車の事故や犯罪に巻き込まれる危険がますます増加し、外遊びの機会が減っていることをあげています。これは、現代の文明のあり方を象徴しているといえるでしょう。子どもという弱者、老人という弱者、貧者という弱者に対して配慮の薄い文明は、大人の雛形である子どもを蝕み、ひいては大人を蝕み、地球を病の惑星へと変貌させることになることでしょう。

子どもは、未来の担い手です。未来の担い手の育成を大事にせずして、地球の未来はありえません。だからこそ、「教育は国家百年の計」であると言われてきたのです。

では、どうすればよいのでしょうか。緑のあるところでの外遊びを、学校の中で可能にする、それが今緊急に必要とされているのではないでしょうか。今まさに世界的に必要とされている一つの有力な方向が、「学校の森」なのです。森は、子どもの触覚（木肌や葉や根や実、小さな虫など）に、嗅覚（葉のにおい、森のにおい、土のにおい、落ち葉のにおい）に、視覚（四季折々の色彩の変化）に、聴覚（風になる葉音、鳥の鳴き声、虫の鳴き声）にそしてときに味覚（実）にも働きかけます。そうです、子どもの五感がバランスよく刺激されるのです。感覚は心の基です。感覚が豊かに満たされることが、心の平安につながり、生命への共感を呼び、いじめが、そして心身の病が結果として減少するのです。

2　子どもと地域のつながり

中世史家の網野善彦によれば、日本の基本的な生活の型は室町時代に確立したといいます。その後、江戸時代から１９６０年代の高度成長期まで、基本的に伝統的な地域の共同体はなおも維持され、地域の教育力がそれなりに役割をはたしていました。14世紀から20世紀の中葉に至るまで、日本では、日本の民俗学が明らかにしてきた子育ての習俗によって、子育てがなされてきていたのです。帯祝い（5ヵ月）、臨月祝い（出産予定月）、産立式（生後1日）、着初め（生後3日）、名付祝（生後7日）、出初め（生後20日）、宮参り（生後30日）、食初め（生後１００日）と、何度も地域の皆から祝われながら子育てをするのが習いでした。子育ては、地域共同体で行うものであるというのが常識だったのです。単にお祝いをするだけではなくて、取り上げ親とか、名付け親とか、仮親とかを設けて、肉親以外の親を決め、その子が大きくなるまで面倒を見る方式が一般でした。しかも、七五三の祝いが過ぎて氏子として名前が登録されて以後、公教育の教育体系とは異なった、子ども組や若者組の制度があり、正月元旦、正月15日、仏の正月、2月3日頃節分、2月4日頃立春（八十八夜　二百十日）、3月3日雛遊び、5月5日五月節句、6月15日祇園祭、6月晦日、7月1日釜蓋ついたち、7月7日七日盆七夕、7月13～16日送り盆、8月15日芋名月、9月13日十三夜、9月晦日神送、10月晦日神迎え、11月15日霜月祭、12月1日川渡りついたち　12月晦日　年夜、年籠り、年中行事の日の手伝いをしたりすることにより、年長者から人間関係を含めさまざまなことを学ぶ機会があったのです。文字の学習ではなくて、まさに「為すことによる学習」ホリスティックな学習がなされていました。

核家族であるいは、さらには核分裂した家族で子育てをするというのは、ごくごく最近の例外的な事態であるということを、私たちはよくよく自覚しておく必要があるのです。

しかしながら、60年代の高度成長期を画期として、もはや日本には、伝統的な教育体系は一部にしか残っていない状況となり、日に日に弱体化しつつあります。とはいえ、子育てが、単に親だけの手によって行えるものでないことは、歴史的にも、体験的にも理解できることでしょう。子どもが問題を起こすと、親の教育のせいにされる、というのが常態化しているようですが、子どもの養育環境は何も親だけではなく、メディアや近所の大人たち、自然環境、地域の施設などなど多くの要因が絡んでいます。核家族でうまく子どもが育ったとしたら、それはたまたまうまくいったと考えるべきものなのです。本来、子育ては、まわりの複数の大人たちによってなされるべきものなのです。

地縁・血縁による地域社会が崩壊しつつある現在、必要なのは、従来の地縁・血縁とは異なった新しい市民による地域社会を構築することでしょう。そこで、核になるのが学校なのです。学校が地域づくりのセンターとなることが重要なのです。校内での安全の問題が問われている昨今、地域の人々が学校と連携することにより、学校が新しい地域づくりの核となる道筋ができつつあるといえるでしょう。新潟のある学校では、「学校の森」で、盆踊りをしたいという希望が出されたということですが、まさに、「鎮守の森」の代わりを「学校の森」がはたすことを象徴しているといえないでしょうか。

かつて、明治維新の頃、各地域では、おらが学校を建てるということで、ずいぶんと財政的・行政的に力を合わせたものです。子育ては、本来、私を超えた共同的な事業なのであり、この共同性・公共性によって、新しい市民型の地域社会が創出され、新しい教育が創造され、創造性に富んだ生徒が巣立っていくのです。

3　地球とのつながり

子ども—地域—地球といったつながりは、子ども・老人・貧者といった弱者を、一人ひとりの個性あるかけがえのない存在として皆で支えるという、いわば下からの公共性に支えられて成立するものです。人工的、人為的に、国家—都道府県—学校という形で権力的に成立する上からの公共性とは異なります。

地球についても、一方では経済においてグローバリゼーションが語られ、地球は一つであるといわれます。他方で、生きる地球ガイアという主張がなされ、自然保護が強調されます。ガイアの思想は、生命の多様性を重視する思想であり、グローバリゼーションが地球上を画一化し、文化的差異を標準化し、どこにでもマクドナルドがあるような、味気ない均一化をもたらし、文化の多様性がもたらす豊饒さが失われてしまうことに、多様性の危機を見ています。

「学校の森」は、本来、地域にふさわしい教育のあり方を追求する中から生み出されたものでした。現実の状況の中から見出されたものでした。だからこそ、自然植生が大切な出発点とされていました。そして、森づくりを媒介として地域との連携のみならず、地域を教材化するという大きなコンセプトにもとづいた教材の工夫、教育方法の工夫、カリキュラム構成の工夫などが連動して可能になったものでした。

生きた地球ガイアという思想は、１９７2年に著名なイギリスの科学者ジェームズ・ラブロックによって提唱されたものです。「生命、すなわち生命圏は、気候と大気成分を自らに最適な状態に調節ないし維持している」（ラブロック２００３：11）というのが、ラブロックが、地球が生きているとした理由でした。地球の大気は、生命とのかかわりの中で、奇跡と思えるほどの状態で維持されているわけで、これは、生命体のホメオスタシスに当たると見られるので、生きていると比喩的に表現できると考えたわけです。

人間は、一人ひとりが個性的なかけがえのない存在です。そして、一人ひとりは、かならずある時間と空間の限定の中で育っていきます。一人の人間が一生の間にかかわりあうことのできる人間の数は、それほど多くはありません。60億の人口があるといっても、一人が一生の間に、名前をしっかり把握して、印象に残る形で親しくかかわりあう人数は、通常１０００人にも達しないでしょう。こうした限られた生活圏の中で、一人ひとりの個性は育まれていきます。こうした生活圏が地域を形成することになるわけです。そして、一人ひとりの人間は、呼吸をすることだけでも地球上の全大気とつながりをもっていますし、その酸素を供給してくれるのは森であるわけです。人間はまた、食べ物を介しても地球上のさまざまな生物とつながりをもっています。赤道直下は赤道直下なりに、温帯は温帯なりに、寒い地域は寒い地域なりに、植生も変化し生活環境も異なります。和辻哲郎が『風土』（和辻１９６３）の中で鮮やかに描いていたように、モンスーンという気候帯が日本の四季の豊かな自然を生み出し日本人の民族性を生み出したのですね。こうした風土の違いから民族の違いも生まれ文化の違いも生まれるわけです。さまざまな植物や動物が共生しているように、人間の文化もまた共生しあうことで豊かになっていくことでしょう。生き物の多様性が、地球のいのちを豊かに維持しているように、文化の多様性が、人間の生活の豊かさを生み出してくれるのです。

だからこそ、子どもと地域と地球のつながりを自覚しなければならないのです。だからこそ、「学校の森」は日本という地域から生まれた実践であるとともに、その植生の違いを考慮することにより世界中での多様な実践の可能性を開くものであり、未来の地球の担い手を育てる素晴らしい実践なのです。

京都大学フィィールド科学教育研究センター長の田中克氏は、同研究センター編『森と里と海のつながり』の中で次のように述べています。

「混迷をますます深め、命と自然があまりにもおろそかにされる世界、ものの豊かさと引き換えに心の豊かさを失いつつある日本。世代から世代へ受け継がれてきた自然や文化を壊し、再生への責任をとらないまま次世代へと解決を先送りさせようとしているかにみえる今日。一体、私達は何をどのようにしたらよいのでしょうか。解決への確かな青写真が描けている訳ではありませんが、自然を肌で触れ、自然と対話することに解決の糸口があるように思われます」（３頁）。

ここで述べられている、「自然を肌で触れ、自然と対話することに解決の糸口がある」という方向性を、「学校の森」の実践は、具体的に全国的な規模で推し進めていく可能性をも持っているといえるでしょう。

文献

ジェームズ・ラブロック（２００３）松井孝典監修『ガイア／地球は生きている』産調出版
Sue Palmer (2006) Toxic Childhood-How the Modern World is Damaging Our Children and what We Can Do About It, Orion, London
京都大学フィィールド科学教育研究センター編（２００４）『森と里と海のつながり』椎出版社
和辻哲郎（１９６３）『風土』岩波書店

「学校の森」国内マップ（「NPO法人学校の森」と協力してできた森）

現在までに完成した「学校の森」

❶ 長岡市立川崎小学校　（1987年　新潟県長岡市干場）
❷ 小千谷市立小千谷小学校　（1989年　新潟県小千谷市土川）
❸ 魚沼市立伊米が崎小学校　（1992年　新潟県魚沼市虫野）
❹ 恵那市立大井第二小学校　（1992年　岐阜県恵那市大井町）
❺ 十日町市立南中学校　（1996年　新潟県十日町市北新田）
❻ 四日市市まきば幼稚園　（2000年　三重県四日市市松本）
❼ 三条市立裏館小学校　（2001年　新潟県三条市裏館）
❽ 静岡県立浜松城北工業高等学校　（2002年　静岡県浜松市住吉）
❾ 聖籠町立聖籠中学校　（2004年　新潟県北蒲原郡聖籠町）

学校以外で森をつくった施設

❿ 川瀬神経内科クリニック　（1996年　新潟県三条市東本成寺）
⓫ 平和の森公園　（1996年　新潟県長岡市）

現在コンサルティング中の学校

⓬ 中津川市立加子母小学校　（岐阜県中津川市加子母）
⓭ 中津川市立加子母中学校　（岐阜県中津川市加子母）
※両校では共通の「学校の森」をつくる予定で準備を進めている。

「学校の森」20年のひろがり

西暦	日時	主な出来事／報道	主な関連刊行物
89年	3月		長岡市立川崎小学校「『川崎の森』の創出と教育活動」
90年		人間性教育貞松記念基金（手塚郁恵）より小千谷小学校と山之内義一郎に研究助成	
91年	10月		手塚郁恵『森と牧場のある学校／山之内先生の実践』（春秋社）
92年	3月		黒田正典・山之内義一郎・小千谷市立小千谷小学校『喜びを創る学校』
	6月19日	「学校の森」づくり恵那市教育講演会（恵那市ＰＴＡ連合会）	
	8月3日	神奈川県「教育問題公開講座」〔講師：山之内〕（(財）県ふれあい教育振興協会）	
93年	3月		石川光男「山之内実践の紹介」『自然に学ぶ共創思考』（日本教文社）
	10月		北魚沼郡小出町立伊米が崎小学校〈写真集〉『森が教えてくれたこと／伊米が崎小の記録』（博進堂）
	12月	韓国・富川市富川南国民学校と伊米が崎小学校との姉妹校締結式（富川市）友好結縁を記念して山之内が「総合活動の実践」を講演（於：富川南校）	
	12月21日	川崎の森の会（会長：金井英雄）発足	
94年	6月1日～4日	ミラー博士「学校の森」（川崎小・小千谷小・伊米が崎小）と山古志村・虫亀を視察	
	7月29日～30日	韓国・富川校児童・教師・父母が来日。伊米が崎小と交流、児童家庭にホームステイ	
	11月7日～11日	北海道斜里町町民大学講座で「学校の森」を講演〔講師：山之内〕	

年	月日	出来事	出版
95年	4月10日		日本ホリスティック教育協会編『ホリスティック教育入門』（柏樹社）
	5月		キム・ミョンジャ訳（ハングル訳）『森と牧場のある学校』（光明出版社）
	5月29日	『森と牧場のある学校』ハングル訳出版記念会に手塚・山之内出席（於：富川市セッピョル幼稚園）	
	8月10日		日本ホリスティック教育協会編『実践ホリスティック教育』（柏樹社）
	10月		ディール・ベセル監修（英訳）『森と牧場のある学校』（Goddo Gap Press）
	11月9日	〈ラジオ〉「私の教育実践／学校に森をつくる　迫田アナのインタビュー対談」（ＮＨＫ第一）	
	11月18日	「伊米が崎の森」づくりで日本ＰＴＡ会長賞受賞（伊米が崎小ＰＴＡ）	
96年	5月	韓国・富川南初等学校オープン教育研究会で「総合活動の実践」講演〔講師：山之内〕	John P. Miller, "The Holistic Curriculum"（OISE PRESS）
	6月11日		平野勝巳『夢みる教育』（清流出版）
97年	4月14日	「地域にひらく〈森づくり〉／弾む　生きた教科書」（新潟日報）	
	5月3日～5日	第1回極東アジアホリスティック教育国際会議（日本・韓国・台湾・カナダ）（於：仁川教育大）	
	6月1日	日本ホリスティック教育協会設立（代表：山之内義一郎）	
	6月28日	〈ＴＶ〉「医の談話室／川崎の森10年」新潟県医師会（新潟テレビ21）	
	7月		山之内義一郎・佐川通・清水義晴『森と夢のある学校／対談』（博進堂）
	8月		「ホリスティック教育の普及をめざす」（月刊「悠」8月号、ぎょうせい）

97年	9月	〈TV〉「顔／ホリスティック教育を語る」（長岡ケーブルTV）	
98年	3月		十日町市立南中学校創立30周年委員会〈写真集〉『南の森／十日町市立南中学校の記録』
	5月	「県内に育つ21世紀の学校づくり／地域の教育力を生かす」（新潟日報）	
	6月20日	ホリスティック教育について懇談会〔キム・山之内・ソン〕（於：韓国仁川市）	
	11月	「新潟から広がるホリスティック教育の輪」（新潟日報）	
	11月	「森づくりで心つなぐ／十日町市南中」（新潟日報）	
	1〜3月		「学校に森を／地域を学習の場に／学びは喜び」（喜びのタネまき新聞 No.330〜332）
99年	3月16日	聖籠中の「学校の森」について文部省大臣官房文教施設部で説明〔山之内・佐川・高口〕	
	4月10日	〈講演〉「森と牧場のある学校」〔講師：山之内〕（於：広島大学広仁会館）	
	5月16日	「いのちのつながりを活かすセミナー」日本ホリスティック教育協会（於：新潟県三条市）	
	5月23日〜25日	韓国国民大学教授・チュン・ヨンウ氏、新潟県内の「学校の森」を視察	
	6月25日	「韓国の教育者28日まで県内入り／すくすく育て『学校の森』」（新潟日報）	
	6月29日	「川崎の森、韓国から視察団／高まるホリスティック教育への関心」（長岡新聞）	
	7月10日	「視点／地域の教育力を生かした行政を」（新潟日報）	
	7月11日	「韓国教育視察団が来県／子どもの潜在力を引き出そう／学校の森じっくり」（新潟日報）	
	7月		サンマーク出版編集部編『自然な生き方に出会う』（サンマーク出版）

年	月日	事項	著作・論文
99年	8月11日	「日本版〝木を植えた男たち〟県内の『学校に森をつくる運動』」（新潟日報）	
	9月		吉田敦彦『ホリスティック教育論／日本の動向と思想の地平』（日本評論社）
	10月16日	「豊かな『緑』後世に／新潟で百年シンポ／意識の低さに警鐘」（新潟日報）	
	10月31日	「にいがた『緑』の百年物語シンポ／パネルデスカッション　上山良子・北村昌美・たかたかし・山之内義一郎・吉井清一」（新潟日報）	
	11月4日	韓国「学校の森」づくり国民運動会議（日本側提案者：山之内・佐川・桜井）（於：ソウル市セジョン文化会館）	
	11月6日	韓国ホリスティック教育実践学会（山之内・佐川・桜井・手島）（於：仁川教育大）	
	12月17日	「進む『学校の森』づくり／ソウルの国民運動会議に出席して／山之内義一郎」（新潟日報）	
00年	3月22日	「アンニョンハセヨ『学校の森』／韓国教育TVが取材」（新潟日報）	
	4月6日	〈TV〉「『学校の森』づくり」（EBSTV、韓国国営教育放送）	
	春		Giichiro Yamanouchi,“Holistic Practice in Japanese Education”（ENCOUNTER Vol.13 No.1）
	8月5日	〈トーク・ライブ〉「にいがた緑百年物語序章」（新井満／山之内義一郎）（於：東京・新潟館ネスパス）	
	9月2日	〈講話〉「『学校の森』は教育を変えられるか」（山之内）（東京自由大学）	
	9月16日	「『学校の森』づくり」（『デイリー読売（英字）』、読売新聞社）	
	10月29日	「子どもから大人までの自然環境づくり」（岐阜・三重ロータリークラブ、於：恵那市文化センター）	
	12月12日	「日報抄／学校の森、『新潟に学べ』韓国の見学者、自国で始まる」（新潟日報）	

01年	2月18日	「晴耕雨読／喜びの創造の教育を実践」（琉球新報／水野隆夫）	
	2月25日		山崎睦子「学校の森で学ぶ子どもたち」『学校での野外体験事例』（(財)日本教育科学研究所）
	4月30日	「日報抄／自然は子孫からの借り物である」（新潟日報）	
	8月20日		山之内義一郎『森をつくった校長』（春秋社）
	9月13日	「『学校の森』で総合学習／新潟の元校長山之内氏が刊行」（新潟日報）	
	9月	「教育の荒廃の克服へ／新潟の元校長が刊行」（全国僻地教育新聞）	
	9月22日	「にいがた発・オピニオン／ゆとりVS学力の『二項対立』は不毛」（新潟日報）	
	9月27日	〈TV〉「総合学習の原点『学校の森』」（新潟テレビ21）	
	11月		「対談　山之内と尾木直樹／ホリスティックな教育」（月刊「悠」、ぎょうせい）
	11月15日		「あかねいろ／『学校の森』を訪ねて／川崎小」（新潟県広報誌）
02年	1月18日	「渓声山色／『真理』伝える物言わぬ木々」（産経新聞／小田孝治）	
	3月20日	〈TV〉「あの人に会いたい／『森をつくった校長』」（新潟放送テレビ）	
	3月21日	〈TBSドラマ〉「3年B組金八先生」に『森をつくった校長』の登場	
	3月22日	〈基調講演〉「総合的な学習時間における青少年の農山漁村体験」（山之内）（(財)都市農山漁村交流活性化機構）	〈報告書〉「青少年の都市と農山漁村のためのシンポ」（(財)都市農山漁村交流活性化機構）
	3月25日		今井重孝「〈書評〉山之内義一郎著『森をつくった校長』」（「ホリスティック教育研究5」、日本ホリスティック教育協会）
	3月30日		今井重孝「〈図書紹介〉山之内義一郎著『森をつくった校長』」（「教育学研究vol.69 No1」、日本教育学会）

02年	4月1日～6月1日		『学校の森』のすすめ1・2　3／山之内義一郎（「新潟県教育月報」4月、5月、6月）
	4月1日		「対談　森を造ること・人をつくること／山之内義一郎・新井満」（「あけぼの4」、女子パウロ会）
	5月		嘉成頼子「森と小川のある幼稚園」（「春秋5月号」、春秋社）
	6月21日	「『川崎の森』で教育を語り合う／小山内美江子さんと山之内さん」（長岡新聞）	
	7月30日		浜田久美子『森がくれる心とからだ』（全国林業改良普及協会）
	9月2日	〈TV〉「心のともしび／森をつくった校長」（BS日本テレビ）	
	10月1日		篠田昭「子どもたちの感性を引き出す学校の森」（「新潟緑百年物語秋号」、（社）にいがた緑百年物語緑化推進委員会）
	11月1日		「超都市化と『森のいのち』の創出／山之内義一郎」（「あけぼの11」、女子パウロ会）
	11月1日	「ホリスティック教育協会／『つながり』を求め森づくり／国際的な注目を呼ぶ」（新潟日報）	
	11月25日	〈TV〉「はじめの　いっぽ！」（テレビ東京、提供：東京都）	
	12月		〈ビデオ〉「夢のある学校づくり」（子どもの夢が育つ学校づくりプロジェクト）
03年	1月30日		阿部進監修『みんなでつくる総合的な学習の時間』（財務省印刷局）
	3月23日	NPO法人学校の森設立	
	5月15日		平野勝巳「各地に広がる〝学校の森〟づくり」（「光の泉」、日本教文社）
	6月1日		楠原彰『新版　教育学がわかる／グローバル・エデュケーション』（「AERAMook」、朝日新聞）
	9月22日	「学校に森をつくろう／自然の中で遊んで地域とつながりを」（産経新聞）	

年	月日	出来事	刊行物
03年	10月10日		「特集　森が子どもを変える／学校内に森をつくるということ」（「ぐりーんもあ」、（社）国土緑化推進機構）
	11月6日		〈報告書〉「森林とのふれあいシンポ全国大会」（全国ふれあい休暇推進協議会）
04年	2月26日	〈TV〉「ゆうどき新潟／学校に森をつくる」（NHK総合テレビ）	
	3月28日	「ひろがる緑・つながる心／にいがた緑の百年物語」（新潟テレビ21、提供：新潟県）	
	3月30日		菊地栄治〈科研報告書〉「ホリスティックな教育改革の実践と構造に関する総合的研究」（国立教育政策研究所）
	3月31日	「第8回米百俵賞　山之内さん受賞」（朝日・読売・産経・毎日新聞・新潟日報など）	
	4月1日		「新潟から発信される『学校の森』づくり」（「三井グラフ135」、三井広報委員会）
	6月15日	第8回米百俵賞贈呈式（於：長岡・リリックホール）	
	7月6日	「〝『学校の森』国際フォーラム〟／長岡で開催」（長岡新聞）	
	9月10日		山之内義一郎「総合的な学習に生かす『森のいのちのつながり』」（「森で学ぶ活動プログラム集2」、全国林業改良普及協会）
	10月30日		黒田正典『蘇れ！　日本の教育／わたしの心理学8章』（博進堂）
	12月		山之内義一郎「『学校の森』と雪国の教育」（「雪シンポ報告書／20回の歩み」、日本雪工学会上信越支部）
05年	4月1日		山之内義一郎「『学校の森』の物語づくり」（「にいがた緑の百年物語5周年記念特集」、（社）にいがた緑の百年物語緑化推進委員会）
	4月11日	第39回吉川英治文化賞贈呈式（於：帝国ホテル）	
	12月		三条市立裏舘小学校〈写真集〉「森（いのち）の記憶」

06年	11月18日	〈講演〉「つながり感を育てる『学校の森』づくり」（山之内）（「エネルギー・環境・放射線セミナー」関東・信越地区(1)、文部科学省）	John P. Miller, "Educating for Wisdom and Compassion" (corwin press)

○日本ホリスティック教育協会関連刊行物

ホリスティック教育研究会（主宰　手塚郁恵）会誌「ホリスティック教育」第1号（91年4月）〜第9号（93年4月）

日本ホリスティック教育協会機関誌「季刊　ホリスティック教育」

「準備号」（96年6月）「創刊号」（96年9月）〜「第15号　日本におけるホリスティック教育10年のあゆみ」（00年3月）

NPO法人 学校の森

■名　称　特定非営利活動法人　学校の森（東京都知事認証　2004年3月23日）

■代表者　理事長　山之内　義一郎

■所在地　東京都品川区西五反田5−9−2　アスペンシティ305

■目　的　幼稚園、小学校、中学校、養護学校の施設内や周辺に森をつくるための支援事業を行い、園児、児童、生徒の人間形成に寄与するとともに学校などに設置した森を中心とした学校と父母、地域住民とのコミュニティの形成に資する。

■活　動　○社会教育の推進を図る活動　○環境の保全を図る活動　○子どもの健全育成を図る活動　○以上の活動を行う団体の運営または活動に関する連絡、助言または援助

■入会案内・問い合わせ先

ホームページ　http://gak-mori.jp　メールアドレス　kaiin@gak-mori.jp　電話　03−3491−5307

おわりに

この本の編集にかかわり、本づくりにも「学校の森」づくりにも共通するところがあると改めて実感しています。なぜなら、ともにプロセスの中で新たな出会いと気づきがあるからです。編集の全体構成が見えかけてきた2006年の3月、私はインドのリシヴァリー・スクールを見下ろす丘の上に立っていました。

満月の輝く宇宙と大地との境は、「賢者の丘」と呼ばれる山並みの長い稜線に薄く墨の刷くような色で分けられ、その丘の下に、リシヴァリー・スクールの森は闇の中に眠っていました。丘から眺める風景はすばらしく、満天の月、太古の山並、生命を秘めた広大な森の静寂、その絶対的な存在が、いま、一つになって私の目の前に存在している。沈黙が全てを物語る絶対の世界でした。その静寂の中に、私は体も心も精神も浮遊し恍惚の境地に浸っていました。日が昇れば、やがて森の目覚めがやってくる、それにはまだ間があるだろうと思いました。大気を深く吸い込んで、私は瞑想にふけっていました。すると思わぬところから、森の目覚める音が聞こえてきたのでした。

そのつづきを、私は日本にもち帰って、友人の娘さんのひとりに話してみました。彼女は単位制高校に在籍して週に一度私のところに相談に来る高校生です。私はかいつまんで、インドへ行った経緯と丘の上で森の目覚めを待ちながら、音にこだわっていた気持ちを伝えました。

「あなただったら、何の音から森の目覚めが始まると思いますか」と質問してみると、「私は、犬の遠吠え、牛の声、鳥の鳴く声からだと思います」という答えが返ってきたので、私は驚きました。全くその通りだったからです。そして、なぜ何千㎞も離れたインドの夜明けの音がわかるのだろうかと思いました。彼女は、中学生のとき一時学校に行けなくなって、恐怖の夜が明ける音を全身耳にして聞いていたことがあるからかもしれないとも思いました。もしそうなら、彼女は立ち直れるなと確信に近いものを感じたのです。目覚めの感覚は、深いところで大地の目覚めとつながっているように思えたからです。最近は、家庭を取り巻く環境が変わり、自動車の騒音やネオンの光で、静けさを保てる環境が少なくなっている状況を思うと、すばらしい感性の持ち主だといえるのではないでしょうか。

森は多様な機能をもち、音色の違う森がいろいろあります。それだけに、子どもと地域と地球の「つながり感」を生かす「学校の森」の意味を自覚しなければなりません。そして、地域や気候や風土に根ざした生態的な森づくりを手始めに、地域の人たちと学校が一緒になって、地域の担い手を育てながら教育の方向性を創出していく取り組みが大事です。その点が、リシヴァリー・スクールも日本の「学校の森」も似ているところだと思いました。

いま、東南アジアの発展途上国では、先進国から木を切られて森が消滅し、人々は森を追われて「つながり感」がばらばらになり、他方、日本や韓国は、近代化が進み自然環境の破壊と汚染が進んでいます。それを食い止めて持続可能な社会を創るには、ユネスコなどと連携しながら、国際的な環境づくりの協調性がますます重要になってきています。

日本発の教育実践である「学校の森」の提案をきっかけに、世界の国々の多様な実践と連携して、未来の地域の担い手が生まれることを願って、この本づくりが始まりました。その強い思いが一冊の形となった今、本書で示された思想と実践の芽が読者を通して森のように育っていくことを願ってやみません。

最後に、編者の願いを深く理解してすばらしい本の形にしてくださったせせらぎ出版の山崎朝さんに心から感謝したいと思います。

編者　佐川　通

日本ホリスティック教育協会のご案内

●日本ホリスティック教育協会とは

　ホリスティックな教育に関心をもつ人たちが学びあうネットワークとして、1997年6月1日に設立されました。学校教育関係者はもちろん、親や市民、カウンセラーや研究者など幅広い多様な足場をもつ人たちが、情報を提供しあい、相互に交流し、対話をすすめています。それを通じて、広くホリスティックな教育文化の創造に寄与したいと願っています。

●主な活動

1. 隔月ニュースレター、年刊単行本（ホリスティック教育ライブラリー）、研究紀要、その他の刊行物の発行と配付。インターネットの活用（ホームページ）。
2. ホリスティックな教育実践の促進と支援、及びその交流。
3. 講演会、ワークショップ等の開催。
4. 国内外の関連諸学会・協会等との連携および協力。
5. その他、本会の目的達成に必要な事業。

●入会案内（詳細は下記ホームページでご覧いただけます）

区　分	会　費	配布物
学生会員	4,000円	ニュースレター6回・年刊単行本1回
一般会員	6,000円	ニュースレター6回・年刊単行本1回
研究会員	10,000円	ニュースレター6回・年刊単行本1回・研究紀要1回

＊入会を希望される方は、会員区分を明記の上、郵便局の下記口座に会費をお振り込みください。受領証が必要な方は事務局までご連絡ください。

＊会員資格は4月から翌年3月までを1年度とする期間です。原則として年度途中の入会でも、当年度4月からの配付物が受け取れます。

郵便局の振替口座番号　00290-3-29735
口座名　日本ホリスティック教育協会

日本ホリスティック教育協会　事務局
〒603-8577　京都市北区等持院北町56-1　立命館大学文学部　中川吉晴研究室内
TEL FAX：075-466-3231
URL：http://www.holistic-edu.org/　E-mail：mail@holistic-edu.org

編　者

今井　重孝（いまい　しげたか）
日本ホリスティック教育協会運営委員。
青山学院大学教員。

佐川　通（さがわ　とおる）
日本ホリスティック教育協会運営委員。
NPO法人学校の森副理事長。

装　丁／濱崎　実幸

学校に森をつくろう！　－子どもと地域と地球をつなぐホリスティック教育－

2007年3月31日　第1刷発行
定　価　1800円（本体1714円＋消費税）
編　者　日本ホリスティック教育協会
発行者　山崎亮一
発行所　せせらぎ出版
〒530-0043　大阪市北区天満2-1-19　高島ビル2階
TEL. 06-6357-6916　FAX. 06-6357-9279
郵便振替　00950-7-319527
印刷・製本所　亜細亜印刷株式会社

ISBN978 4 88416 163 7
"Let's Create a Forest in our School! : Holistic Education Connecting Children, Communities and the Earth" Ed. by Japan Holistic Education Society. Shigetaka IMAI, Toru SAGAWA,

せせらぎ出版ホームページ　http://www.seseragi-s.com
メール　info@seseragi-s.com